여행사, 가이드, 외국어 실력 없이
스마트폰 하나로
세계여행 떠나기

여행사, 가이드, 외국어 실력 없이
스마트폰 하나로 세계여행 떠나기
ⓒ 노미경·장동익·가재산, 2022

1판 1쇄 발행_2022년 06월 30일
1판 2쇄 발행_2022년 07월 30일

지은이_노미경·장동익·가재산
펴낸이_홍정표
펴낸곳_글로벌콘텐츠
　　　등록_제25100-2008-000024호

공급처_(주)글로벌콘텐츠출판그룹
　　　대표_홍정표　이사_김미미　편집_하선연 권군오 이정선 문방희　표지디자인_김승수
　　　기획·마케팅_김수경 이종훈 홍민지
　　　주소_서울특별시 강동구 풍성로 87-6
　　　전화_02) 488-3280　팩스_02) 488-3281
　　　홈페이지_http://www.gcbook.co.kr
　　　이메일_edit@gcbook.co.kr

값 15,000원
ISBN 979-11-5852-008-3　13980

※ 이 책은 본사와 저자의 허락 없이는 내용의 일부 또는 전체의 무단 전재나 복제, 광전자 매체 수록 등을 금합니다.
※ 잘못된 책은 구입처에서 바꾸어 드립니다.

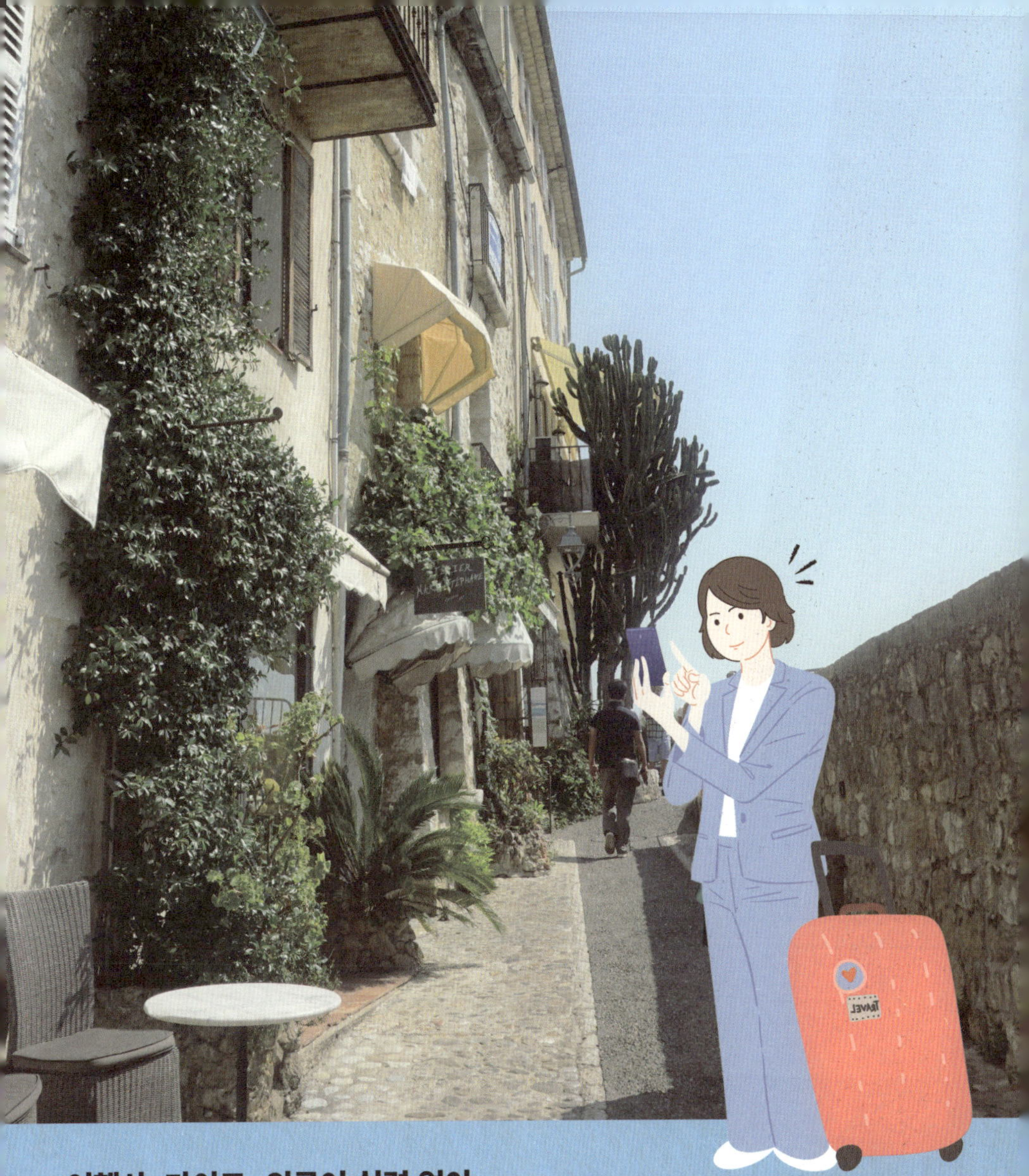

여행사, 가이드, 외국어 실력 없이

스마트폰 하나로 세계여행 떠나기

노미경·장동익·가재산 지음

글로벌콘텐츠

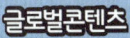

서문

::: 여행을 한마디로 표현한다면 설렘이다. 또 다른 말로는 삶의 에너지이자 활력소이다. 지루하게 반복되는 지친 일상에서 재충전의 기회를 얻을 수 있는 아주 특별한 경험이다. 여행 중 만나는 세계 각국 사람들과의 소통은 다른 나라의 문화를 이해하게 하고, 수많은 예술가의 영혼이 깃든 작품을 만나게 하며, 찬란한 유적과 수만 년에 걸쳐 형성된 대자연의 아름다움과 경이로움을 두 눈과 가슴에 생생하게

담아 올 수 있게 만든다. 이렇듯 여행은 삶의 활력을 되찾게 하고 창조적 영감을 주며, 삶의 깨달음까지도 얻을 수 있게 하는, 자신을 위한 최고의 선물이자 투자다.

나는 대학 시절부터 여행을 시작해 그동안 세계 150여 나라, 지구를 세 바퀴 반을 돌았다. 그야말로 배낭 하나만 메고 세계 각국 구석구석을 다니며 길 위에서 많은 것을 배웠다. 발길이 닿는 곳은 어디든 떠났고 어디서든 열린 마음으로 사람들과 소통했다. 대자연과 선조들이 남긴 역사적 유물과 유적을 보는 것도 의미가 있었지만, 역시 여행의 진수는 그 나라 도시의 밤 문화에 취하고 삶의 현장인 전통시장, 현지인만이 알고 있는 맛집에서 그들과 함께 어울리는 것이었다.

여행길이 결코 순탄하진 않았다. 비행기와 고속버스 등 편안한 교통수단을 멀리하며 지구촌 구석구석을 다리품을 팔고 다녔는데, 어느 때는 꼬박 18시간을 쉬지 않고 걸어야 할 때도 있었다. 덕분에 다양하게 변화하는 세상의 흐름을 알게 되었고, 동시대를 살아가는 사람들의 공통과제를 공유하며 현지인들과 함께 기쁨과 아픔을 함께 나누기도 했다.

이 지면을 빌려 기억에 남는 여행지 몇 곳을 소개하겠다. 먼저 소개할 곳은 남프랑스다. 남프랑스는 내가 가본 여행지 중 가장 기억에 남는 곳이다. 빈센트 반 고흐Vincent van Gogh, 폴 고갱Paul Gauguin, 앙리 마티스Henri

서문

Matisse, 마르크 샤갈Marc Chagall, 폴 세잔Paul Cézanne, 에밀 졸라Emile Zola 등 많은 예술가가 활동했던 곳이어서 눈길이 닿는 곳마다 예술의 향기가 넘쳐난다. 지중해의 따뜻하고 온화한 날씨와 전통과 문화를 잘 지키고 보존한 덕분에 수많은 예술가와 여행자의 발걸음이 끊이지 않는 남프랑스는, 일상에 찌든 여행자들에게는 예술적 감성을 일깨워 몸과 영혼을 맑게 해주는 최고의 여행지이다.

또 한 곳, 잊을 수 없는 여행지는 서아프리카의 가나 세네갈과 말리다. 특히 말리는 평생 잊지 못할 것이다. 서아프리카 사람들의 영혼의 안식처이며 문화와 낭만이 흐르는 니제르강은 나일강, 콩고강에 이어 아프리카에서 세 번째로 긴 강이다. 니제르강은 한동안 시작과 끝을 알 수가 없어서 수수께끼의 강으로 불렸는데, 1805년 스코틀랜드의 대탐험가 멍고 파크Mungo Park가 유럽인 최초로 이 강을 탐험하던 중 사망하면서 세상에 알려지기 시작했고 1830년대에 이르러서야 비로소 하류까지 밝혀졌다고 한다. 니제르강의 해넘이는 형언할 수 없는 자연의 신비, 아름다움의 극치였다. 니제르강 변이 그리울 때마다 나는 한강을 걸으며 아프리카 여행의 추억을 떠올리곤 한다.

그동안 열심히 살아온 나에게 특별한 선물을 주고 싶다면 그것은 바로 여행이다. 어디든 여행을 떠나 새로운 나를 만나 보자. 나도 몰랐던 내

안의 나를, 생각하지 않았던 발랄하고 자유롭고 엉뚱한 나를 발견하게 되는 신기한 체험을 하게 될 것이다.

때론 낯선 곳에서 그리스인 조르바처럼 누군가와 운명 같은, 열정적인 사랑을 나누고 싶었다. 그 어떤 사랑을 나눈다 해도 그것은 내 잘못이 아니다. 최고의 날씨와 주변의 멋진 풍경이 나를 유혹했기 때문이고, 그 순간을 놓치지 않고 그때의 감정을 즐기려는 나의 기질이 문제였을 뿐이다. 나는 온전히 여행을 즐겼기 때문에 항상 열린 마음으로 세상의 모든 사람들과 스스럼없이 소통하면서 길에서 많은 것을 배우며 다양한 친구들을 사귀며 지금껏 살아왔다.

코로나19로 직격탄을 맞은 세계 최대 공유 숙박 서비스 에어비앤비 Airbnb의 CEO인 브라이언 체스키 Brian Chesky는 2020년 7월, 한 인터뷰에서 "여행은 절대로 코로나 사태 이전으로 돌아가지 못할 것"이라고 말했다. "코로나는 여행 업계에 9·11 테러를 넘어 2차 세계대전 급의 사건"이라며 "12년간 지은 건물이 4주 만에 무너지는 기분"이라고 언급했다. 또한 "지금까지 사람들은 대중적인 관광 mass tourism을 즐겼다. 단체로 깃발 들고 함께 떠나는 패키지여행이 대부분이었다. 로마, 파리, 런던 같은 유명 도시의 호텔에 묵으며 단체 관광버스를 타고 랜드마크 앞에서 사진을

서문

찍고 돌아오면서 만족스러워했다. 하지만 앞으로는 한적한 지역을 여유롭게 찾아다니는 것이 대세가 될 것이다"라고 말했다.

2020년 11월 티몬이 진행했던 설문조사에 따르면, 전체 응답자의 64%, 즉 3명 중 2명이 2021년에 해외여행을 떠나고 싶다고 답했으며 '가족과 함께(52%)', '5일 이상(78%)' 떠나는 것을 선호한다고 조사됐다. 코로나 장기화로 힘든 시기를 함께한 가족과 해외여행을 떠나고 싶다는 의견이 많았고, 그다음은 친구(20%), 연인(15%) 순서였다. 혼자 떠나겠다는 답변도 12%를 차지했다. 브라이언의 말대로 이제는 여행사 가이드를 따라 단체버스를 타고 수십 명이 함께하는 여행보다는, 친구나 가족과 함께 또는 홀로 여행하는 자유여행이 많아지게 될 것이라는 전망이다.

이 책은 포스트 코로나 이후 나 혼자 또는 가족, 연인 등 단체 패키지여행이 아닌 자유여행을 원하는 사람들을 위해 쓴 것이다. 내가 직접 경험한, 스마트폰이 없던 시대에 혼자 여행을 다니면서 불편했던 점부터 가장 중요한 항목인 안전, 또 여행 준비부터 여행 후까지 모든 사항을 이 책 한 권이면 알 수 있도록 상세하게 기술했다.

여유롭게 쉬면서 멋진 카페에서 차도 마시고 쇼핑도 하면서 느긋하게 해외여행을 즐기고 싶었지만, 언어 때문에 용기가 나지 않았던 사람들도 이제 망설일 필요가 없다. 또 평생 일만 하다 청춘을 다 보낸 시니어부터 바쁜 직장인들까지, 스마트워킹smart working 기법을 활용하면 해외에서도 중요 업무를 쉽게 처리할 수 있다.

앞으로는 스마트폰 하나만 있으면 여행사, 가이드, 외국어 실력 없이도 크게 불편함 없이 해외여행이 가능한 '3무여행'의 시대가 되었다. 엄청나게 영리하고 편리한 스마트폰을 단순히 통화와 문자만을 위해 사용해 왔다면, 지금부터라도 제대로 배워 보자. 여행지에서 찍은 사진에 방문지의 특성에 맞는 음악을 넣어 동영상을 제작하고, 그렇게 만든 동영상을 보고 싶을 때마다 꺼내 가족이나 친구와 함께 볼 수 있다면, 또 그렇게 만든 동영상을 대형 TV나 빔 프로젝터에 미러링하여 볼 수 있다면 여행의 즐거움은 배가 될 것이다.

코로나는 영원하지 않을 것이다. 이미 우리는 일상의 많은 부분을 되찾았고, 마침내 이 어두운 터널의 끝이 보이기 시작했다. 이 터널이 끝나는 날이 오면 이 책 한 권을 들고 용기 있게 어딘가로 떠나 보자.

여행작가 노미경 씀

서문 / 04

PART 01
3무三無여행 시대가 온다

전염병은 인류 역사를 바꿨다 / 16
코로나 팬데믹이 여행과 관광에 가져온 충격 / 19
코로나 이후 여행과 관광은 어떻게 변할까? / 22
쓰나미처럼 터져 나올 보복 소비, 보복 여행 / 26
솔로 이코노미(solo economy)가 대세다 / 28
이제 세계여행도 3무(三無)여행 시대다 / 31

PART 02
해외여행, 스마트폰 하나면 된다

오장칠부(五臟七腑)가 된 스마트폰의 위력 / 36
해외여행도 스마트폰 하나로 '만사핸통' / 39
여행 기록 남기기도 스마트폰 하나면 충분 / 42
자유롭게 여행하며 일하는 워케이션(workcation) 시대 / 45
스마트폰 인공지능 기술의 놀라운 발전 / 49
해외 자유여행 시 필요한 대표적인 기술과 앱 / 55

PART 03
해외 자유여행 계획 세우기

#1 여행지와 여행 기간은 어떻게 정하지? / 77
#2 여행지에서 방문할 곳은 어떻게 정하지? / 80
#3 여행지에서 확인해야 할 상세 사항은 무엇일까? / 84
#4 세부 여행 일정은 어떻게 짜지? / 88
#5 숙소는 어떻게 정하고 예약은 또 어떻게 하지? / 96
#6 세부 여행 계획을 동행자와 쉽게 공유할 수는 없을까? / 100
#7 항공권과 기차표, 좀 더 저렴하게 살 순 없을까? / 105
#8 여행지에 관해 추가로 확인해야 할 항목은 무엇일까? / 110
#9 여행 계획을 세울 때 참고할 만한 샘플이나 팁 같은 건 없을까? / 113

PART 04
해외 자유여행 사전 준비하기

#10 여권, 비자 및 백신여권은 어떻게 준비해야 할까? / 118
#11 환전은 어떻게 하지? / 127
#12 여행자 보험은 꼭 가입해야 할까? / 132
#13 항공권 온라인 사전 체크인은 어떻게 하지? / 136
#14 짐 꾸릴 땐 무엇을, 어떻게 챙겨야 할까? / 142
#15 여행 당일 해야 할 일은 무엇일까? / 148

PART 05
스마트폰을 활용한 해외 자유여행

#16 여행지 공항에 도착한 후 할 일은 무엇이고 숙소는 어떻게 찾아 가지? / 154

#17 현지 숙소에 있는 TV로 한국어 콘텐츠를 볼 수는 없을까? / 157

#18 동행자가 혼자 떨어져 있을 때 찾을 수 있는 방법은? / 162

#19 현지인들과 한국어를 사용해서 대화할 수는 없을까? / 166

#20 현지어를 몰라도 맛집이나 관광지를 찾아다닐 수 있을까? / 176

#21 현지어로 쓰여 있는 메뉴판에서 내 입맛에 맞는 음식 시키는 방법은? / 182

#22 여행 중 기억하고 싶은 순간을 그 즉시 기록할 수 없을까? / 186

#23 여행지에서 찍은 사진과 동영상은 어떻게 처리하는 게 좋을까? / 194

PART 06
스마트폰을 활용한 여행 기록 남기기

#24 사진과 동영상을 전부 PC나 외장하드로 옮긴 후 스마트폰에서 보려면 어떻게 해야 할까? / 200

#25 여행 중 찍은 사진이나 동영상은 많은데 잘 꺼내 보지 않을 때, 즐거운 추억을 회상할 수 있는 좋은 방법이 있을까? / 202

| 맺음말 / 226

부록 01
여행 중 주요 업무 처리 / 232

여행 중 갑자기 급한 업무가 발생했을 때 떨어져 있는 사람과 어떻게 협업할 수 있을까?
여행 시 필요할 수 있는 수많은 자료는 어떻게 준비해 가야 할까?
문서를 공유해서 협업할 때 누군가 잘못 수정해 버리면 어떻게 하지?
여행 중 여러 사람과 회의가 필요하면 어떻게 하지?

부록 02
스마트폰 하나로 세계여행 떠나기
세미나 프로그램 / 234

PART 01

3무無 여행 시대가 온다

[전염병은 인류 역사를 바꿨다]

전염병은 줄곧 인류와 함께 진화하며 역사의 물줄기를 바꿨다. 14세기 유럽을 침략한 몽골군에서 유래했다는 흑사병은, 유럽 전역을 휩쓸며 유럽 인구의 3분의 1에 해당하는 많은 생명을 불과 6년 만에 죽음의 길로 내몰았다. 그러나 흑사병은 당시 유럽의 크고 작은 전쟁을 종식시키며 중세 유럽의 붕괴를 가져오기도 했다. 동시에 신중심의 중세 사회를 붕괴했고 인본주의人本主義와 르네상스를 잉태했으며, 자본주의를 낳는 산파 역할을 하며 문명의 패러다임까지 바꿔 놓았다.

또 바이러스는 세상을 엉뚱하게 변화시키기도 한다. 중세 시대 당시 튤립은 신흥 부국 네덜란드와 그 중심축인 상인 계층의 찬란한 번영을 상징하는 기념물로 떠올라 부와 권력의 상징이었다. 이때 역사상 가장 비싼 튤립으로 기록된 것은 '영원한 황제'라는 뜻을 가진 '셈페르 아우구스투스Semper Augustus'다. 흰 바탕에 진한 빨간색 무늬가 화려했던 이 품종은 1630년대 '튤립광 시대'를 이끌며 투기 바람을 일으켰던 명품 중의 명품이었다. 튤립 한 송이가 집 한 채 값에 이르기도 했다. 사실 셈페르 아우구스투스의 무늬는 '튤립 브레이크 바이러스'라고 불리는 바이러스에 알뿌리가 감염되어 발생한 것이었다.

코로나19는 우리 삶을 완전히 바꿔 나가고 있다. 정치, 경제, 사회, 문화를 비롯해 거의 모든 부문에서 오프라인 대면이 크게 줄었다. 비대면의 '언콘택트' 활동이 곳곳에서 이어진다. 재택근무, 재택수업 등 20년 명성의 '정보기술IT 강국'답게 온라인 활동이 활발하다. 특히 온라인 쇼핑에 이어 문화, 체육 분야에서도 언콘택트 활동은 단연 눈에 띈다.

아리스토텔레스가 말했듯 인간은 사회적 동물이요, 누구나 강한 연결 욕구를 가지고 있다. 앞으로는 '얼굴을 봐야 친해지지'라는 말이 옛말이 될지도 모른다. 코로나로 사회적 거리두기가 일상화되면서 사람 간 대면접촉이 힘들어졌다. 가족 간의 관계, 친구와의 만남이나 지인들과의 모임은 물론, 회사에서 근무하는 양상도 크게 달라지고 있다. 코로나는 분명 우리에게 만남에 대한 불편함을 가져다주고 불안과 공포감을 갖게 하지만, 디지털혁명 시대 초연결의 방아쇠 역할을 톡톡히 하고 있다.

소셜미디어에 익숙한 MZ세대(1980년대 초~2000년대 초 출생한 밀레니얼 세대와 1990년대 중반~2000년대 초반 출생한 Z세대)들은 사회생활도 오프라인보다 온라인을 선호한다. 온라인 활동을 통해 각종 회사 행사는 물론 인맥 관리나 동호회 활동 그리고 '연애 사업'까지, 이른바 '온택트'가 일상화되고 있다. 회사 업무는 당연하고 미팅이나 인맥 관리도 디지털로 속속들이 전환 중이다. 신입 사원 교육 등을 모두 줌Zoom이나 유튜브YouTube로 하고 그 흔하던 단체 회식도 '랜선 회식'으로 한다.

대면 모임의 왁자지껄했던 분위기가 가끔 그리워지는 건 어쩔 수 없다. 평소에 자주 모이던 동호회나 산악회도 온택트로 전환되었다. 다 함께 등산하는 대신 각자 산에 다녀온 사진을 단톡방에 올리는 방식으로 바뀐 것이다. 이들은 어려서부터 네이트온, 싸이월드, 페이스북 등 SNS로 친구를 만나 왔기 때문에 동호회 활동도 온라인이 자연스럽다.

이런 온라인을 통해서 가장 재미를 보고 있는 젊은이들이 있다면 단연 BTS다. 2020년 10월 10~11일, 서울 올림픽공원 체조경기장에서 열렸던 온라인 콘서트 'BTS MAP OF THE SOUL ON:E'는 191개국에서 99만 명 이상이 시청했고 500억대의 매출을 기록했다고 한다. 그 당시 공연은 원래 현장 콘서트와 온라인으로 병행할 예정이었으나 결국 온라인으로만 진행됐는데, 방탄소년단의 7년간의 성장이 오롯이 담긴 최고의 공연이라는 찬사를 받았고 한국인 최초 빌보드 2관왕에 이어 싱글차트 1위에 10여 차례 올라서는 기염을 토하기도 했다.

코로나 팬데믹으로 인해 학연과 지연, 혈연이 아니라 '온연On緣(온라인 인연)' 시대가 성큼 다가오고 있다. 우리는 전통적으로 정情을 중심으로 어느 때는 개인주의가, 어느 때는 집단주의가 발동되는데 이 연결고리는 인연因緣이다. 이러한 인연의 연결고리의 끈은 단연 학연, 지연 그리고 혈연이었다. 그런데 이러한 연에 의한 대면 소통 방식이 크게 달라지고 있는 것이다.

우리나라에서는 카카오톡이 대세를 이루고 있지만 페이스북 이용자가 16억 명이고, 트위터만 해도 3억 명, 인스타그램도 4억 명이다. 중국판 카톡인 위챗 인구만도 11억 명이다. 최근에는 가상과 현실이 접합된 메타버스Metaverse가 등장하여 국내 대표적인 메타버스 플랫폼인 제페토ZEPETO의 가입자 수가 3억 명을 돌파했다.

이처럼 비대면 초연결 시대가 되면서 이제 SNS나 스마트폰이 불편한 사람들은 세상과 단절되고 격리될 수밖에 없다. 갈수록 외로운 외딴섬에 갇히는 꼴이 된다. 이제 가까운 친인척이나 친구가 아니라 친소 관계가 전혀 없는 안면부지의 사람들을 언제든 만날 수 있다.

[코로나 팬데믹이 여행과 관광에 가져온 충격]

이제 비대면 줌 같은 화상회의 플랫폼을 통해 학업과 업무를 수행하는 등 '뉴노멀New Normal'로 불리는 새로운 기준이 삶의 방식으로 완전히 자리 잡아 가고 있다. 코로나는 수많은 업종에 사회·경제적으로 큰 타격을 입히고 있다. 그중에서도 가장 크게 피해를 본 업종을 꼽자면 단연 관광업일 것이다. 특히 해외여행에 치명타를 가했다.

코로나19의 확산으로 국가(지역) 간 이동이 제한되면서 일상생활권이 새로운 경험을 추구하고 있다. 관광객과 종사자의 직접 만남을 통한 서비스를 근간으로 유지되던 관광 활동이 그 어느 때보다 위축되었다. 실제로 한국관광공사의 한국관광통계에 의하면, 2020년 우리나라를 방문한 외국인 관광객은 2019년 대비 85.6% 감소한 251만여 명으로 집계되었다. 코로나가 한국 관광의 시계를 1984년으로 되돌린 것이다.

또한, 2021년 3월 방한 외래객 수는 8만 3,497명에 그쳤다. 이는 2019년 3월보다 무려 95% 감소한 수치이고 1984년 2월(8만 2,345명) 이래 최저 기록이다. 한편 2020년 1년 동안 한국에서 해외로 떠난 사람은 2019년과 비교하면 85.1%가 줄어 427만 명에 그쳤다. 2019년 출국자 수는 역대 최고 기록인 2,871만 명을 세운 바 있다.

하지만 코로나19가 일상 깊숙이 자리한 가운데에도 관광 트렌드의 변화를 통해 관광의 새로운 기준, 즉 뉴노멀이 제시되어 왔다. 이는 관광의 시계를 더디지만 새로운 방향으로 흐르도록 하는 동력으로 자리매김하고 있다. 코로나 팬데믹은 여행 유형의 변화를 가져왔다. 다시 말해, 관광 활동의 개별화와 소규모화를 촉진한 것이다.

여행 전문 컨설팅사 레브파인REVFINE은 코로나19 이후 관광의 트렌드를 다음과 같이 전망했다. 우선 '나 홀로 여행'에 대한 수요가 증가하고 친환경성, 대도시보다는 지역 경험 위주, 개인 성향에 따른 맞춤형 Personalization 관광 상품이 각광받을 것으로 내다봤다. 또한 가상현실, 인공지능, 사물인터넷, 음성 인식과 같은 디지털 기술이 관광업의 광고나 마케팅에 적극적으로 응용되고, 호텔·요식 업종에서의 로봇 자동화 기술 도입이 가속화될 것으로 분석했다.

여행정보지 에코비앤비Ecobnb는 코로나19 이후 다소 외진 시골이나 자연을 찾는 아웃도어 관광과 자동차를 이용해 숙박까지 해결하는 '노마드Normed' 여행이 각광받고 있다고 전했다. 또한 회복과 웰빙을 중시하는 젊은 세대를 중심으로 힐링이나 '재활Regeneration'이 화두가 되면서 단순한 즐거움뿐 아니라 여행을 통해 다양한 것을 경험하고 체험함으로써 개인적 변화와 치유를 추구해 갈 것이라고 설명했다.

[코로나 이후 여행과 관광은 어떻게 변할까?]

코로나19 이후 가장 피해를 많이 본 업종은 여행, 관광 분야지만 한편으로 가장 가파른 성장이 예상되는 업종 또한 관광업이 될 것이다. 팬데믹 이후 소비자들의 행동과 인식 변화는 오래지 않아 관광레저 산업의 미래를 바꿀 것이 분명해 보인다. 코로나 팬데믹 이후 예상되는 여행이나 관광 산업의 변화 트렌드를 조금 더 구체적으로 열거하면 다음과 같다.

첫째, 단체 패키지여행보다 개인 또는 소규모의 맞춤형 여행이 대세가 될 것이다.

20~30인 이상의 단체 패키지여행보다는, 개인 또는 소규모 그룹을 이뤄 여행하는 사람들이 더욱 많아질 것이다. 이러한 현상은 이미 코로나19 이전부터 관측되고 있었으나 코로나19 종식을 기점으로 새로운 여행의 표준이 될 가능성이 크다. 기존의 패키지여행도 개인 또는 소규모 위주로 변모될 것이며, 과거처럼 박리다매薄利多賣 전략을 취하기보다 고급화·맞춤 여행화될 것이다. 또한, 모두가 가고 싶어 하는 유명하고 인기 많은 여행지뿐만 아니라 근교 소도시나 잘 알려지지 않은 곳으로의 여행이 증가할 것이다. 관광객들은 유명 관광지를 방문하기보다 현지인과 어울려 같은 환경을 느끼고 체험을 하는 상품에 더욱 관심을 갖게 될 것이다.

둘째, 단순 여행보다는 '한 달 살기' 같은 여행이 대중화될 것이다.

앞으로의 여행은 단순 방문이 아닌, '살아 보는' 형태의 경험으로 변화할 것이다. 많은 여행 전문가가 코로나19 이후 우리의 삶에 어떤 변화가 올지 다양한 예측을 내놓고 있다. 공통된 몇 가지를 추리면 다음과 같다.

❶ 디지털 전환의 가속화 ❷ 일과 삶의 균형 찾기 ❸ 정보통신기술ICT 인프라를 통한 맞춤형 서비스 성장이 두드러질 것이다. 이 세 가지 변화를 통해 우리의 삶에서 시간과 공간의 제약이 많이 사라질 것으로 보인다. 어쩌면 '디지털 노마드(시간과 장소 구애 없이 일하는 디지털 유목민)'의 삶이 자의 반 타의 반 혹은 반강제적으로 성큼 다가온 것일지도 모른다. 이를 여행에 대입해서 얘기하면 단순 여행이 아닌 '한 달 살기' 등 원하는 지역에서 현지를 경험하며 '살아 보는' 형태가 많아질 것으로 예측된다.

셋째, 스마트관광이 더욱 활성화될 것이다.

현재 많은 사람이 외부와 차단되어 재택근무, 온라인 학습 등을 하고 있어 정보기술의 활용이 급속하게 증대되고 있다. 그렇기 때문에 관광객 관점에서 사람들의 관광 욕구를 충족하기 위한 스마트관광(가상현실 관광)은 새로운 대안이 될 수 있다. 이미 언택트(비대면) 문화의 확산으로 무인 키오스크의 활용이 증가하고 있으며, 대면 접촉을 꺼리는 현재의 분위기로는 정보기술 기반의 '셀프서비스' 기술이 급속하게 확산될 것으로 보인다.

비대면 문화의 확산은 가상현실VR과 증강현실AR로 대표되는 메타버스를 활용한 관광 경험의 등장을 야기시켰다. 또한 관광 활동의 개별화와 소규모화는 개인화된 여행 상품의 소비로 이어졌다. 이에 따라 단체 여행 상품에 비해 복잡하고 번거로운 구매 결정 과정을 지원하기 위한 '맞춤 여행 서비스'가 관광 시장의 변화를 선도하고 있다.

넷째, '안정성'이 관광에 대한 주요 선택 요건 중 하나가 될 것이다.

코로나로 인해 관광지나 관광 시설 내 방역이나 소독 등의 안전성을 더욱 신경 쓰게 되었고, '헝가리 유람선 침몰사고'와 같은 사고나 관광지 내 테러 등을 직·간접적으로 경험한 여행객들은 이제 관광을 떠날 때 안전 문제에 대해 더욱더 고려하게 될 것이다. 따라서 정부나 지자체, 관광지 등에서도 재난이나 위험이 발생했을 때 위기대응체계 등을 마련해야 한다.

다섯째, 비즈니스Business와 레저Leisure가 결합한 '블레저Bleisure'가 주목받고 있다.

재택근무가 확산됨에 따라 장소에 얽매이지 않고 자유롭게 일과 휴가를 병행하는 형태의 '워케이션workcation'의 수요가 높아지고 있다. 특히 일과 삶의 균형이 기업과 직장에서 새로운 이슈가 되고 있다. 휴가의 자유로운 사용이 가능한 데다 주 52시간 근무제로 인한 여가 생활이 여행으로 이어지고, 재택근무나 원격근무로 여행을 하며 즐기면서 일하는 분위기가 확산되고 있다.

마지막으로, '한류의 힘'으로 보다 즐거워질 세계여행이 기대된다.

한때 일본이 호황일 때는 해외에 가면 외국 사람들이 우리를 보고 반갑게 "곤니치와"라며 말을 걸었고, 중국인들이 대거 쏟아져 나왔던 비교적 최근에는 "니 하오마" 하고 중국말로 인사를 건네곤 했다. 그러나 앞으로는 해외 어딜 가나 "안녕하세요?" 하고 반가운 표정으로 다가와 한국말로 인사를 건네는 사람들을 쉽게 볼 수 있을 것이다.

한류는 K-POP을 필두로 TV 예능 프로그램, 영화, 음식, 패션 등 다양한 문화 영역으로 확산되고 있다. 중동과 아프리카, 유럽과 남미까지 전 세계로 전파되고 있음은 한국인으로서 참 뿌듯한 일이다. 한류를 통해 전 세계인의 한국 문화에 대한 관심은 언어, 음식 등으로 이어지고 있으며, 여행 시 또 다른 즐거움과 보람을 느끼게 해줄 것으로 기대된다.

[쓰나미처럼 터져 나올 보복 소비, 보복 여행]

2020년 초부터 시작된 코로나 팬데믹으로 사회적 거리두기가 전 세계적으로 이어지고 있는 가운데, 에어비앤비는 코로나 백신이 여행 수요를 불러올 것으로 내다봤다. 코로나19로 많은 사람이 격리되어 비대면 속에서 외로움을 느꼈기 때문에 백신이 보급됨에 따라 여행 수요가 되살아나 '보복 소비' 심리가 매우 클 것이라고 전했다.

보복 소비는 질병이나 재난 등으로 위축됐던 소비가 한꺼번에 폭발적으로 늘어나는 현상을 뜻한다. 이러한 심리는 그동안 억눌렸던 여행으로 분출될 가능성이 매우 높다. 코로나19 이후 재택근무, 원격근무제가 활성화되면서 여행의 유연성이 늘어났다. 게다가 언제, 어디서나 anytime, anywhere 근무할 수 있는 스마트워킹 환경이 만들어지면서 여행과 일의 경계가 모호해지고 있다.

2021년 11월부터 일시적인 '단계적 일상회복(위드 코로나)' 방식으로 전환하기 시작한 코로나 방역 방침은, 2022년 5월부터 시작된 엔데믹endemic으로 분위기가 바뀌면서 카드사들도 함박웃음을 지으며 즐거운 비명을 지르고 있다. 신한·삼성·KB국민·현대·롯데·우리·하나·BC카드 등 8개 카드사들은 지난해 코로나19에도 전년 대비 23.1% 늘어난 2조 264억 원의 당기순이익을 기록했다. 2021년에도 3분기까지 순이익이 코로나19가 한창이던 지난해보다 23% 증가한 가운데 본격적으로 소비 심리가 폭발하면 더 큰 이익을 기대할 수 있을 것이다.

2021년 말부터 시작된 보복 소비 기조에 불이 붙으면서 전체 카드 승인 금액이 급증하면 최근 우려를 자아내고 있는 수수료율 인하 감소 폭도 일부 상쇄할 수 있을 전망이다. 서서히 해외여행 길도 열리면서 카드사들은 물 들어올 때 노 젓듯 여행 관련 프로모션을 쏟아내며 분위기 몰이에 나서고 있다.

백신 접종이 시작되고 방역 제한 조치가 일부 완화되면서 보복 소비 효과도 갈수록 커지고 있다는 분석이다. 그간 다섯 차례에 걸쳐 재난지원금을 지급한 정부가 위드 코로나 시점에 맞춰 여행·숙박 등 소비 쿠폰을 재개하고 상생지원금(카드 캐시백), 할인 행사 등 각종 소비 진작책을 내놓고 있다. 다시 거리두기를 강화하고 있지만 4분기 역시 높은 카드 승인액 증가세가 나올 것이란 관측이 나오는 이유다.

카드사들은 여행 수요를 겨냥한 프로모션에 한창이다. 호텔 등 숙박시설 결제와 국제 및 국내선 항공권 발권 등 다양한 할인 혜택을 제공한다. 카드 사용액에 따라 항공 마일리지가 적립되는 항공사 마일리지 카드도 다시 등장했다.

또 출판 시장에도 변화가 일어났다. 코로나 초기인 2020년에는 국내, 해외 여행서 모두 하락세를 보였으나 2021년에 들어서는 국내 여행서 판매 증가율이 59.3%로 대폭 상승세를 보였다. 이런 변화를 반영, 2021년 9월 여행 분야 베스트셀러 TOP 10은 모두 국내 여행서가 차지했다. 혼자 여행을 떠나는 사람을 위한 여행서도 눈길을 끈다. 9월 여행 베스트셀러 10위 내에도 '나 홀로 여행'을 주제로 한 책이 순위권 내 올랐다. '캠핑'과 '차박'도 빼놓을 수 없다. 최근 3년간의 '캠핑' 관련 도서 출간 종수도 늘고 판매도 두 배 가까이 늘었다.

[솔로 이코노미 solo economy 가 대세다]

솔로 이코노미 개념이 처음 등장한 것은 2007년 세계경제포럼(다보스포럼)이다. 이후 2012년 미국의 사회학자인 에릭 클라이넨버그 Eric Klinenberg 가 『고잉 솔로: 싱글턴이 온다』를 출간하면서 언론 등에서 널리 쓰이기 시작했다.

솔로 이코노미는 전 세계적으로 주거와 소비, 서비스 등 여러 분야에서 발달하고 있다. 주거의 경우 가구와 기본 가전이 설치된 오피스텔 등이 증가했으며, 여러 명이 한 집을 나눠 사용하는 셰어하우스 share house 와 코하우징 co-housing 도 점차 늘고 있다.

제품 중에서는 1인 가구를 대상으로 하는 소형 가전이나 1인용 가구, 1인분으로 소량 포장된 식료품 등 작고 간편한 제품들이 출시되고 있다. 서비스 분야에서도 혼자 사는 사람을 위한 세탁·청소 대행 서비스나 심부름 서비스, 보안 서비스 등이 등장했다.

한국에서도 1인 가구 증가로 솔로 이코노미가 발전하고 있다. 통계청의 '인구주택총조사'에 따르면 한국의 1인 가구 비율은 2000년 15.5%에서 2020년 32.9%로 두 배 이상 증가했다. 그중에서도 20~30대 청년

층과 60~70대 노년층의 1인 가구 증가율이 높으며, 최근에는 40~50대 중년 남성 1인 가구가 빠르게 증가하고 있다.

1인 가구가 급증하는 이유로는 크게 세 가지가 꼽힌다. 청년층은 저성장에 따른 취업난 등으로 연애와 결혼, 출산을 포기했다. 중년은 결혼을 미루고 혼자 사는 '골드 미스터·미스' 등이 많아졌다. 고령층은 평균 수명이 늘면서 이혼과 사별 등으로 홀로 사는 노인이 급증했다.

1인 가구의 가장 큰 특징은 왕성한 구매력이다. 이들이 증가함에 따라 새로운 소비 주체로 부상하게 되면서 솔로 이코노미가 주목받고 있다. 최근에는 기업들이 앞다투어 주택, 가전, 식품 등 다양한 산업에서 혼자 사는 싱글족을 타깃으로 제품을 집중 개발 및 판매하는 전략으로 바꾸고 있다. 이는 싱글족이 솔로 이코노미의 주요 소비 주체로 떠오르고 있다는 것을 말하는데, 이들은 싱글슈머single consumer, 나홀로족, 포미FORME족 등으로도 불린다.

포미FORME란 건강For Health, 싱글족One, 여가Recreation, 편의More convenient, 고가Expensive의 알파벳 앞글자를 따서 만든 신조어다. 자신이 가치를 두는 제품은 다소 비싸더라도 과감히 투자하는 소비 형태를 말하고, 포미족은 개인별로 가치를 두는 제품에 과감한 투자를 아끼지 않는 사람들을 가리킨다. 이들은 생활용품이나 생필품 등은 1원이라도 저렴한 가격에 구매하고자 하지만, 자신이 관심 있거나 좋아하는 상품에는 돈을 아끼지 않고 투자한다. 밥값보다 훨씬 비싼 디저트를 사 먹고, 자신이 좋아하는 피규어나 프라모델에는 돈을 아끼지 않고 지출하는 것을 예로 들

수 있다.

또한 혼자 즐기면서 살아가는 싱글슈머나 나홀로족들의 라이프 스타일이 성행했는데, 대표적으로 혼영족(혼자 영화 보는 사람들), 혼술족(혼자 술을 마시는 사람들), 혼코노(혼자 코인 노래방), 혼밥(혼자 밥 먹기)라는 용어들이 생겨나며 사회에서 하나의 문화로 자리를 잡아 가고 있다. 이러한 트렌드는 분명 혼행(혼자 여행하기)으로 이어질 가능성이 크다. 코로나로 인해 자연스럽게 혼자서 시간을 보내는 습관이 생기고, 이것이 여행으로 이어지면서 혼자 조용히 즐기는 취향으로 변화를 가져오고 있다. 이처럼 솔로 이코노미를 바탕으로 여행에 관련된 수많은 서비스와 여행

'솔로(S.O.L.O)'의 새로운 의미

::: **Self** 1인 가구는 혼자 보내는 시간과 혼자 하는 활동이 많기 때문에 가족에 대한 지출이 적고 취미 생활이나 자기 계발에는 돈을 아끼지 않는다.

::: **Online** 1인 가구 소비자는 무게가 많이 나가거나 혼자 들기 어려운 부피의 제품들을 주로 온라인으로 구매하는 소비 패턴을 갖는다.

::: **Low-Price** 할인된 가격을 추구하여 세일 기간에 맞춰 구매하는 것을 의미한다. 가격대가 저렴하면서도 효율성을 추구하는 1인 가구의 특성이라고 할 수 있다.

::: **One-Stop** 혼자 사용하기 적당한 양을 간편하게 소비하려는 1인 가구의 소비 성향을 바탕으로, 식품업계는 주로 1인 가구를 타깃으로 하여 가정 간편식, 도시락 메뉴 등을 출시하여 매출을 증가시키고 있다.

프로그램이 흥행하며 여행의 판도를 서서히 변화시키고 있다.

[이제 세계여행도 3무=無여행 시대다]

코로나는 그동안 인식되어 왔던 사고방식이나 행동패턴을 송두리째 바꾸어 놓았다. 코로나 이전까지만 해도 20~30대의 젊은 층을 제외하고는 '해외여행' 하면 20~30명씩 단체로 가는 여행이 주류를 이루었다. 특히 시니어들은 동호인들이나 여러 가족끼리 팀을 이루어 함께해야만 여행의 즐거움이 있다고 생각했다. 코로나 이후 2년 동안 일어난 변화 중 하나는, 혼자 시간을 보내고 스마트폰 같은 스마트기기에 의존하면서 생활해 나가는 습관을 키워 왔다는 것이다.

단체 여행의 경우 출발 이전부터 여행을 마칠 때까지 꼭 필요한 것이 세 가지가 있다.

첫째, 여행사의 서비스

단체로 이동하려면 수많은 사람의 여권이나 비자부터 개개인의 여행 스케줄을 일일이 체크하고 안내해야 했다. 더구나 안전이나 여행의 서비스나 격을 높이기 위해서는 작은 여행사보다 대형 여행사를 선호할 수밖에 없었다.

둘째, 그룹을 안내할 가이드

많은 사람을 한꺼번에 이동시키고 일일이 챙겨 주려면 공항에서부터 차를 타고 이동하거나 숙소 점검은 물론 먹고 마시는 일까지 일일이 사전에 준비하고 안내하지 않을 수 없었다. 이러한 서비스가 여행사의 수준을 가늠하는 잣대로, 소위 말해 불만을 야기시키지 않는 친절이 기본이기 때문에 가이드의 역할은 아주 중요했다. 여기에 현지에 가면 전문적으로 관광 해설을 도맡아 해주는 해설사까지 추가로 필요했다.

셋째, 전문 통역사나 통역을 겸한 가이드

해외여행을 갈 때 제일 걱정되는 것이 그 나라의 언어를 말이나 글로 표현하지 못하는 불편함 또는 두려움이다. 여러 나라말을 자유자재로 할 수 있는 사람이 많지 않다. 그래서 불편함을 해결하려면 통역을 겸한 가이드가 없어서는 안 될 존재였다. 언어는 현지에 가서 관광을 할 때 해설을 듣는 데도 중요하지만, 개별적으로 쇼핑을 할 때나 현지 음식을 먹고 간단하게 술 한잔할 때도 정말 필요하다. 해외여행의 묘미는 밤 문화라고 하는데 언어에 자신이 없다면 외출 자체가 두려워 아무것도 즐길 수 없을 것이다.

앞으로의 여행은 분명 단체보다는 소위 혼자 즐기는 '혼여행'이나 소규모로 이루어질 것이다. 개인이나 소규모로 여행이 가능한 환경이 자연스럽게 발전하고 있으며, 소비자들 또한 점차 친숙해지고 이에 만족하고 있다. 앞으로는 스마트폰 하나만 있으면 이러한 필수 세 가지 도움을 받지 않아도 크게 불편함 없이 여행이 가능한 3무여행 시대가 되었다.

스마트폰은 이러한 세 가지를 몽땅 해결해 주는 도우미 역할을 한다. 단체여행이 아닌 나 홀로 여행이나 소그룹으로 여행할 경우에 더욱 진가를 발휘한다. 재택근무, 원격근무, 온라인 학습 등으로 인해 정보기술의 활용이 급격하게 증대되고 있어 소위 언제, 어디서나 어떤 디바이스든 활용 가능한 스마트워킹 시대에 맞는 여행으로 대체될 것이고 그중 한 영역을 스마트폰이 차지할 것이다.

이러한 여행은 일시적으로 주춤했던 공유 경제와 함께 진화할 것이다. 코로나19의 확산과 함께 방역과 같은 부분에 대한 우려로 공유 숙박이나 공유 교통 등은 여행자들에게 외면을 받았다. 하지만 코로나가 어느 정도 진정된다면 나 홀로 여행, 소규모의 자유여행에 대한 공유 경제의 새로운 형태의 서비스가 폭발적으로 출시될 것이다.

PART 02

해외여행,
스마트폰 하나면 된다

[오장칠부五臟七腑가 된 스마트폰의 위력]

이제 '낫 놓고 기역자도 모르는 시대'가 아니라 '스마트폰 옆에 놓고 밥을 굶는 시대'가 되어 가고 있다. 음식 주문도 스마트폰으로 하고, 집 앞에 있는 동네 구멍가게조차 무인점포로 바뀌어 키오스크kiosk가 점원을 대신한다. 그러다 보니 스마트폰 없이는 불편한 것이 한두 가지가 아니다.

인간은 원래 오장육부五臟六腑였는데 거기에 스마트폰이 추가되어 이제 오장칠부가 되었다. 스마트폰이 몸에서 떨어지면 장기 하나가 사라진 듯 안절부절못한다. 앞으로 모바일의 역할은 상상을 초월할 정도로 커질 것이다. 주민등록증도 모바일에 내장된다. 운전면허증과 교통 위반 딱지를 뗀 영수증, 의료보험증이나 가족관계증명서, 각종 주거 및 호적 서류, 학교 졸업증명서 및 성적표, 은행 통장과 인감증명서, 사업자등록증, 소속 회사의 등기부 내용, 각종 소득 내역 및 납세증명서 등 기록할 수 있는 내용은 모두 모바일로 내장된다.

병원에 도착하면 애플리케이션application, 이하 앱이 알아서 해야 할 행동을 일러 주며, 식당에 가면 최근 일주일 동안 먹은 음식 종류를 분석해서 무엇을 먹어야 할지를 추천해 준다. 공항에 가서 출국할 때도 비행기 티켓과 출국 수속을 터치 한 번으로 해결한다. 모든 인생이 스마트폰 속에 다 들어있는 셈이다.

코로나19로 재앙을 겪고 있는 인류는 경험해 보지 못한, 사회와 분리된 고독한 독거를 해야 하고 사람 만나기가 겁나 외출도 어렵다. 그동안 세상의 가장 가까운 벗은 TV, 전자기기, 그중에도 핸드폰이 최고의 상대가 되었다. 스마트폰의 성능은 날로 좋아져 아폴로호가 달에 착륙할 때 사용했다는 슈퍼컴 이상의 기능이 되었고, 웬만한 일은 다 할 수가 있다. 언택트 생활로 사람이 그립고, 바깥세상과 단절되고 꽉 막힌 공허함과 극간을 채워 주는 가장 가까운 벗이 스마트폰이다.

은행 업무만 보더라도 일대 변화가 일어나고 있다. 은행 창구를 통한 송금 비율은 2015년 2.12%에서 계속 떨어지더니 급기야 2019년 상반기에는 1% 밑으로 떨어졌다. 같은 기간 비대면 거래 비중은 꾸준히 늘어 2021년 상반기에 99%까지 올랐다. 다만 비대면 거래 중에서도 모바일뱅킹만 이용이 늘었을 뿐, 인터넷·텔레뱅킹·ATM 등 고전적 형태의 비대면 거래는 줄어드는 추세다. 코로나로 인해 스마트폰의 이용과 활용이 급증하면서 관련 기술도 비약적으로 발전하게 되고, 핀테크를 중심으로 하는 금융 관련 IT 산업도 급팽창하다 보니 디지털 혁명은 가속도가 붙어 진행되고 있다.

코로나는 특히 디지털 격차를 가속화시키고 있다. 소위 '정보 격차(디지털 디바이드, digital divide)'다. 스마트폰을 제대로 사용하지 못하면 취약 계층인 시니어들은 더욱 고립된다. 경제 구조가 K 자 형태로 양극화되는 것처럼 노인들이나 취약 계층의 정보 격차도 K 자 형태로 그 간극이 더욱 커지고 있다. 외출하기도 무섭고 거동도 불편해지니 인터넷 쇼핑이 더 필요하지만 스마트폰에 익숙지 않은 시니어들은 이러지도 저러지도 못하는 상태다.

언택트 시대에 노인들의 정보 격차가 사회 문제로 떠오르고 있다. 특히 코로나19 이후 언택트 시대로의 전환이 가속화되어 오프라인 경제가 쇠퇴하면서 노인들의 정보 소외는 물론, 스마트폰 활용 격차는 더욱 심화되고 있다. 디지털 격차를 줄이는 것이 중요한 사회적 과제로 부각된 셈이다. 스마트폰을 제대로 활용하지 못한다면 오장칠부 중에서 장기 하나가 없이 불편하게 살아야 하는 시대가 된 것이다.

[해외여행도 스마트폰 하나로 '만사핸통']

수년 전, 여행을 좋아하는 후배들과 함께 싱가포르를 여행한 적이 있다. 싱가포르를 대표하는 센토사섬은 김정은과 트럼프 전 미국 대통령이 정상회담을 한 장소로도 유명한 곳인데, 섬을 연결하는 다리 건너편에 위치하여 보안에 최적화된 장소였기 때문에 선정된 것이다. 그 당시 나는 이 섬에서 밤 8시부터 시작되는 대규모 레이저쇼를 구경하러 갔다. 3,000여 명이 한꺼번에 해안가에서 벌어지는 휘황찬란한 레이저쇼를 관람했다. 그런데 문제는 레이저쇼가 끝나고 숙소로 돌아갈 때 발생했다.

이미 밤 10시가 넘어 대중교통이 거의 없었던 터라 2시간은 걸려야 숙소에 도착하리라 생각했다. 예상대로 택시 승강장에는 수많은 사람이 300미터 이상 줄을 길게 서 있었고, 또 언제 택시가 올지도 알 수 없는 막막한 상황이었다. 그런데 같이 간 일행 중 가장 여행을 많이 다녔던 한 후배가 전혀 걱정 말라고 하면서 이미 스마트폰으로 동남아에서 우버Uber에 해당하는 그랩Grab 택시를 불렀으니 그냥 따라오라고 했.

골목 안으로 200미터 정도 따라가 보니 이미 택시가 먼저 와서 우리를 기다리고 있었다. 우리 일행은 그 택시를 타고 불과 15분 만에 무사히 숙소에 도착했다. 만약 그 후배가 없었더라면 300미터 이상 줄을 서 있는 사람들을 전부 기다렸다가 새벽이 되어서야 겨우 택시를 탔을 것이다. 스마트폰의 위력은 이처럼 대단하다.

스마트폰을 이용하면 영어를 전혀 할 줄 몰라도 먹고 싶은 음식을 마음껏 시켜 먹을 수 있고, 숙소에서도 TV로 한국어 콘텐츠를 얼마든지 볼 수 있다. 심지어는 가족이나 동행자와 위치 공유함으로써 자칫 길을 잃어버렸을 때 위기 상황을 극복할 수 있다. 이 모든 것이 스마트폰 하나로 가능하다.

스마트폰은 공유 경제 사이트를 활용하거나 여행이나 숙박 관련 정보 검색 시에 더 큰 위력을 발휘한다. 세계적으로 잘 알려진 여행 정보 사이트로는 론리플래닛Lonely Planet이 있다. 여행 정보의 보고라고 할 수 있는 웹사이트다. 특히 공유 경제의 대표 주자인 에어비앤비는 나만의 여행을 위한 완벽한 숙소를 찾는 데 완벽한 사이트라고 할 수 있다. 룸투리오Rome2Rio는 나라 간 이동 정보를 제공하는 사이트다. 출발지와 목적지를 설정하면 이용 가능한 교통수단 옵션을 알려 주는데, 가장 큰 장점은 다양한 교통수단을 다른 여행 사이트와 비교해 준다는 점이다.

국내에서도 최근 여행 숙박 플랫폼이 치열한 경쟁을 하고 있어서 다양한 서비스가 이루어지고 있다. 선두 업체인 '야놀자'를 비롯해 '여기어때'가 선두 경쟁을 하고 있고, 3위인 네이버도 각종 서비스를 선보이고 있다. 그 업체들은 모두 호텔, 펜션, 모텔 같은 숙소 예약은 물론 항공, 렌터카 같은 이동수단 그리고 맛집까지도 상세하게 안내해 주는 슈퍼 앱을 보유하고 있다.

더구나 여행은 밤 문화가 중요하다. 스마트폰만 있으면 외국어를 몰라도 혼자서라도 쇼핑을 하기도 하고 맥주도 한잔할 수 있는 여유가 생긴다.

외국어를 전혀 할 줄 모른다면 무언가 두렵고 불편하기 때문에 혼자서는 시도조차 못 하는 것들이 있을 것이다. 스마트폰은 그럴 때 여행의 즐거움을 제공해 준다.

스마트폰 하나만 있으면 자기 집 드나들 듯 해외여행이 자유로워진다. 스마트폰은 일상생활에서뿐만 아니라 여행에서도 '만사핸통'의 역할을 해준다.

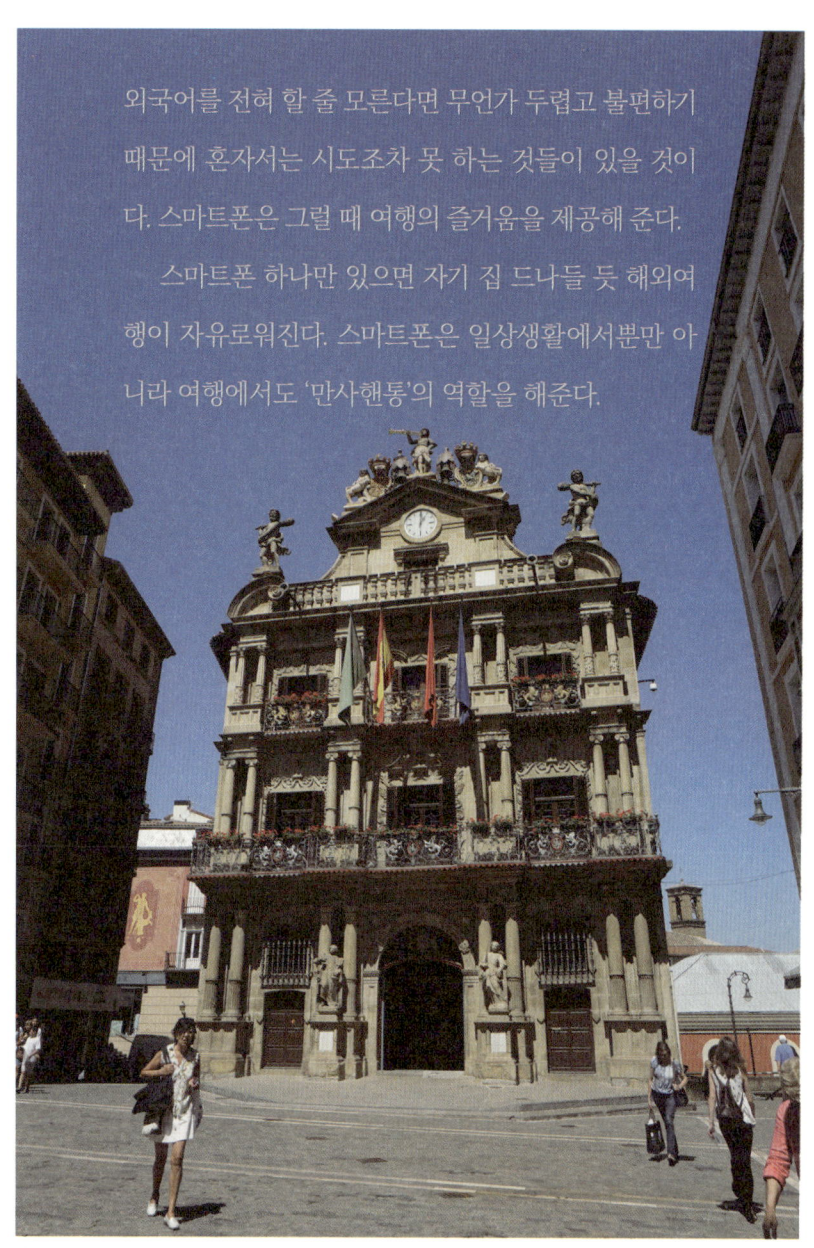

[여행 기록 남기기도 스마트폰 하나면 충분]

"여행을 많이 하면 책 만 권을 읽은 것과 같습니다. 좋은 글을 쓰려거든 여행을 많이 해보세요!"

2011년 여름, 청송에 있는 '객주문학관'을 갔을 때 『객주』의 저자 김주영 선생이 해준 말이다. 2013년, 34년 만에 대망의 10권으로 완간된 『객주』는 장돌뱅이들의 행로를 따라 저잣거리를 답사하며 조선 후기 보부상들의 애환과 시대상을 담은 대하소설이다. 그는 여행을 통해 자신을 뒤돌아볼 수 있었고 상상력도 나왔다고 강조하며, 좋은 글을 쓰려면 여행을 하라고 적극적으로 권했다.

1979년 6월부터 5년간 총 1465회에 걸쳐 《서울신문》에 연재한 「객주」는, 김주영 선생이 대학 노트를 봇짐으로 걸머지고 카메라를 등짐에 진 채 보부상의 발자취를 따라 200개에 달하는 시골 장터를 누비며 쓴 글이다. 그는 대부분의 글을 길에서 써서 길에서 송고했다. 메고 다니는 짐을 가볍게 하기 위해 무게를 줄이려고 대학 노트에 작은 글씨로 깨알같이 썼다고 한다(그 당시 스마트폰이 있었다면 상황은 달라졌을지도 모른다).

무작정 떠나는 여행도 의미가 있지만 남다른 여행 경험을 기록으로 남기기 위해 메모를 하기도 하고 이를 자신의 블로그나 페이스북에 기록할 수도 있다. 최근 국내에서도 전문 여행작가가 아니더라도 여행을 하면서 글을 쓰는 사람들이 점점 많아지고 있다. 여행을 다녀온 내용이나 소감을 즉석에서 블로그에 올리거나 페이스북, 인스타그램에 사진들과 함께 동영상을 올리는 경우도 많다.

　스마트폰을 활용해서 여행하며 글을 쓴다면 편리한 점이 한두 가지가 아니다. 여행 중 PC나 노트북을 사용해서 글을 쓰려면 무거운 기기를 휴대해야 하는 불편함이 있다. 아니면 여행에서 돌아온 뒤 호텔이나 숙소의 비즈니스 센터나 고객지원 코너에 가서 작업을 해야만 했다. 하지만 이제는 스마트폰에 무료로 제공되는 앱 몇 개만 활용할 줄 알면 가능하다.

　여행을 마치고 나면 누구나 피곤해지고 주위도 산만하다. 글을 쓰기 위해 별도의 시간을 할애하여 그때마다 자판을 두드리는 것도 쉽지 않다. 하지만 스마트폰에 말로 하면 문자로 자동 기록되고 자료 또한 찍기만 하면 글이 된다. 몸이 피곤할 경우에는 누워서 말을 하면 되고 기차나 버스를 타고 이동하면서도 말로 하기 때문에 입력이 가능하다. 현지 관련 자료나 관광 안내 자료를 즉석에서 번역하여 활용한다면 더욱 풍부한 자료가 될 것이다.

　게다가 여행이 끝나면 여행 중 찍은 수많은 사진과 동영상도 아름다운 음악을 담아 멋진 동영상으로 제작하거나 편집하고, 나아가 여행 도중 말로 하여 즉시 저장해 놓은 수많은 여행 기록 중 특별한 내용을 즉각 검색해 내서 멋진 추억을 회상해 보며 즐길 수도 있다.

　특히 시니어가 되어 장기간 여러 곳을 이동하게 되면 어디를 다녀왔고 무엇을 보고 다녔는지 일정 시간이 지나면 기억하기 쉽지 않다. 긴 여행을 마치고 막상 글을 쓰려고 책상에 앉는 순간 어디를 갔다 왔는지 기억이 가물가물해진다. 하지만 스마트폰 앱에 있는 메모 기능을 활용해 여행 중 그때그때 말로 하여 기록하면 굳이 필기구 같은 걸 가지고 다니지 않아도 간단하게 해결할 수 있다.

스마트폰을 활용한 순간순간의 기록은 아무래도 메모 기능 위주라서 완벽하지 않을 수 있다. 스마트폰이 쓰기는 편리하지만 컴퓨터나 노트북에 비해 성능이 떨어지는 건 사실이기 때문이다. 또 수정사항이나 자료를 보완하기 위한 입력 작업은 화면과 자판이 작아 상대적으로 불편하기도 하고 말로 입력해 놓은 자료는 발음이나 다른 여러 요소에 의해 어쩔 수 없는 오탈자가 발생하기 마련이다. 하지만 이게 결코 큰 문제는 되지 않는다. 자신이 나중에 알아볼 수 있게끔만 기록을 해놓으면, 추후 수정은 어렵지 않다. 여행 중 별도 시간을 낼 수 없다면 여행을 마치고 나서 시간이 될 때 PC나 노트북을 통해 당초 의도한 대로 여유를 가지고 수정·보완을 해서 완성해 나가면 된다.

프랑스 작가 마르셀 프루스트Marcel Proust는 "진정한 여행이란 새로운 풍경을 보는 것이 아니라 새로운 눈을 가지는 것에 있다"라고 했다. 여행을 하는 것은 삶에 활력을 준다. 또 여행을 통해 새로운 자아를 발견하는 기회가 되기도 한다. 스마트폰으로 찍은 각종 사진과 함께 직접 체험한 생생하고도 다양한 경험들을 기록해 나간다면, 여행과 함께한 삶은 더욱 풍요로워질 것이다.

[자유롭게 여행하며 일하는 워케이션workcation 시대]

에어비앤비 CEO 브라이언 체스키는 "생활과 일, 여행 사이의 경계가 모호해지고 있다"라고 말한 바 있다. 스마트폰과 노트북만 있으면 바로 그곳이 사무실이 되는 시대인 것이다. 일터의 경계가 점점 모호해지면서 한적한 여행지를 찾아 낮에는 일을 하고, 일과 후엔 여가를 즐기는 '워케이션(일+휴가)'이 새로운 업무 트렌드로 확산하는 추세다.

워케이션은 일work과 휴가vacation의 합성어다. 코로나로 인해 재택근무, 원격근무가 늘어나면서 생긴 새로운 근무 형태로, 집이 아닌 다른 곳에서 업무와 휴가를 동시에 누리는 워케이션족이 늘어나고 있다. 사실 회사에 출근하지 않고 집에서 일하는 재택근무자나 해외 또는 국내를 떠돌며 일을 하는 디지털 노마드는 예전부터 있었지만, 이러한 업무 형태는 특정 직업에 한해서만 가능했고 대부분의 회사는 회사 출근을 원칙으로 회사에서 근무하도록 하고 있었다.

그러나 2020년 코로나 시대, 전 세계는 락다운Lockdown, 셧다운Shut-down 등 코로나 확산 방지를 위한 추가 대응 조치나 방침으로 재택근무나 격주 출근 등으로 근무 방침을 변경하기 시작했다. 그 결과 원격근무 형태로 집에서 근무하는 재택근무 직장인들이 늘어나는 '리모트워크Remote Work'라는 새로운 변화의 바람이 불었다. 이미 해외에서는 워케이션 제도를 적용하고 있으며 워케이션은 이제 새로운 근무 형태로 자리 잡고 있다.

호텔로 출근해

(숙박불가) 계속되는 재택근무로 답답하고 힘든 요즘,
조용하고 편안한 호텔로 출근하러 가즈아!

예약 기간: 2022.01.01 토 - 2022.05.31 화
투숙 기간: 2022.01.01 토 - 2022.05.31 화

워케이션 in 제주

복잡한 도심을 떠나 일과 휴식의 완벽한 균형을 위한 맞춤형 패키지

몸과 마음의 힐링을 선사하는 제주신화월드에서 워케이션을 누려보세요.
제주의 용암숲 곶자왈, 일몰 명소 신화가든, 수영장과 피트니스 시설로 즐기는 운동과 레저,
문화적 사색을 도와주는 다양한 엔터테인먼트와 이벤트는 물론 나에게 맞는 호텔을 선택하여
프라이빗한 편안함을 만나실 수 있습니다. (*7박부터 예약 가능)

예약 기간 2022년 2월 28일까지
투숙 기간 2022년 3월 31일까지

출처: 글래드 호텔, 제주 신화월드

여행지에서 일하며 휴식을 즐기는 '워케이션'이 새로운 업무 형태로 부상하면서 '뉴노멀 업무 형태'가 등장한 것이다. 디지털 기기에 익숙하고 '워라밸(일과 삶의 균형)'을 중요시하는 MZ세대의 특성과 외국인 관광객의 발길로 지자체에도 활기가 돌고 워케이션의 저변이 확대되는 분위기다.

국내 여러 호텔이나 리조트에서도 워케이션 상품으로 룸 업그레이드, 식음료 바우처를 제공하는 장기 투숙 패키지를 내놓고 있다. 호텔 한 달 살기, 국내 소도시 한 달 살기 형태로 워케이션을 즐기고 싶은 워케이션족들은 제주도나 남해, 속초 등 국내 소도시로 떠나 본인만의 스타일로 워케이션을 즐긴다.

많은 디지털 노마드가 코로나 이전에는 세계 여러 나라에서 관광비자로 현지에서 머물며 디지털 노마드 생활을 하고 있었다. 하지만 코로나19 이후, 세계 여러 나라가 락다운에 들어가거나 관광 목적 방문자의 입국을 금지하면서 관광 비자로 해외에서 생활하는 게 어려워졌다. 그런 이유에서 해외로 나가고 싶은 디지털 노마드들은 디지털 노마드 비자, 프리랜서 비자, 장기 관광 비자 등 현지에서 거주, 체류할 수 있는 체류 비자(거주증)를 발급해 주는 나라로 발길을 돌리고 있다.

해외에 나가지 않고 국내에서 한 달 살기 형태로 장기여행을 즐기는 디지털 노마드족도 늘고 있다. 코로나19의 확산은 여러 직업의 종사자가 디지털 노마드로 전환할 수 있는 계기가 되었다. 현재 전 세계적으로 디지털 노마드 인구가 늘어나면서 정보 공유 사이트나 디지털 노마드 인구를 위한 서비스도 많아지고 있다.

디지털 노마드로 지내기에 좋은 나라가 점점 늘어나고 있다. 디지털 노마드 비자Digital Nomad Visa와 같은 거주 비자를 발급하는 나라는 현재 총 24개국으로, 크로아티아, 체코, 독일, 멕시코, 노르웨이, 포르투갈, 대만 등이 있다. 발급 조건은 나라별로 상이하며, 보통 일정 수입이 어느 정도 이상이 되어야 발급되는 등 조건이 까다로울 수 있다.

최근 여러 나라가 코로나19 확산으로 순수 관광 목적의 방문객이 줄면서 디지털 노마드 비자를 고려 중에 있다. 하지만 당장 실천을 하기에는 다소 위험 부담이 있을 것이다. 해외로 나가지 못한다면 국내는 어떨까? 국내에도 아름다운 자연경관을 가진 소도시들이 많다. 한 달 살기로 많이 찾는 제주도와 거제도를 비롯해 봉평, 남해, 속초, 여수, 통영 등 구석구석 아름다운 자연을 만날 수 있는 국내 소도시들이 많으니 해외에서의 디지털 노마드가 어렵다면 일단 먼저 국내에서 시작해 보자.

[스마트폰 인공지능 기술의 놀라운 발전]

4차 산업혁명 시대에는 인공지능AI, Artificial Intelligence의 딥러닝Deep Learning(컴퓨터가 사람처럼 생각하고 배울 수 있도록 하는 기술)에 의해 다음 세 가지 기술이 가장 큰 발전을 하고 있다. 이러한 기술은 최근에 나온 기술이 아니다. 인공지능과 딥러닝에 의해 매우 빠른 속도로 발전하기 때문에 늘 업데이트가 필요하다.

첫째, 로봇 기술의 괄목할 만한 성장이다.

1960년대에 소개된 산업용 로봇을 시작으로 1990년대 이후부터 기본적인 지능을 가진 걸어 다니는 로봇이 개발되었다. 그리고 앞으로는 모든 지능을 갖춘 네트워크 로봇이 개발되어 이 세상이 스마트화될 것이다. 움직이는 로봇뿐 아니라 우리 주변 어디든지 수많은 반도체 칩이 장착되어 무선으로 연결되고 작동함으로써 인간의 지시를 따르는 '네트워크 로봇 시대'에 접어들게 되는 것이다.

예컨대 운전하면서 "○○○ 교대역점에 6시 예약해"라고 지시하면 바로 예약해 주고, 차를 집 앞에 세운 후 "주차해"라고 지시하면 운전자보다도 훨씬 더 정확하게 주차해 준다. 냉장고에 대고 "세탁기 돌려!" 또는 차 안에서 "지금 집 에어컨 켜!"라고 지시하면 세탁기가 바로 돌아가고 집에 있는 에어컨이 작동되기 시작한다. 이게 바로 네트워크 로봇의 활동상이다.

둘째, 음성, 이미지, 영상 인식 기술의 발전이다.

로봇을 움직이게 하려면 우선 사람이 음성으로 지시를 내려야만 한다. 그런데 사람의 말이란 나라에 따라서, 말하는 사람의 톤과 억양에 따라서, 지방의 사투리에 따라서, 그날의 기분에 따라서 다르다. 결국은 엄청난 분량의 인공지능 딥러닝이 있어야 제대로 인식할 수 있다. 로봇 스스로 주인이 누구이고 주위 사람들이 누구인지를 인식할 수 있어야 서비스할 수 있을 것이다. 예를 들어 로봇의 주인과 구분할 수 없을 정도의 똑같은 음성이나 생김새를 가진 아주 나쁜 성향의 사람을 로봇이 주인으로 잘못 인식한다면 주인으로서는 큰 재앙이 될 수 있다.

2010년 4월 28일, 애플이 시리사를 인수한 후 2011년 아이폰 4S에 처음으로 음성 인식 기술이 소개되어 스마트폰 마이크에 말을 하면 즉시 문자화되고 명령을 실행에 옮길 수 있게 되었다. 처음 소개된 당시만 해도 아주 조용한 곳에서 스마트폰 마이크 근처에서 정확하게 말하지 않으면 잘 알아듣지 못하는 등 오류가 많았지만, 요즘은 약간 시끄러운 곳에서 다소 정확치 않은 음성으로 말하더라도 인식할 만큼 정확도가 엄청나게 높아졌다.

로봇은 전 세계 모든 나라 사람의 명령에 따를 수 있어야 할 것이다. 이로 인해 일반 문서 번역 기술뿐 아니라 음성 인식을 통한 번역 기술이 엄청나게 발전되었다. 구글의 전 CEO 래리 페이지_{Larry Page}는 2017년이 되면 64개 언어를 번역하는 번역 앱을 개발하겠다고 선언했고, 실제 그 해에 104개 언어 번역 앱을 완성하였다. 104개 언어 번역이 가능해졌다

는 말은 세계 어느 나라의 언어로도 서로 소통할 수 있다는 것을 의미한다.

또한, 구글 번역은 문자를 옮겨 번역해 주는 것뿐 아니라 말을 하면 음성을 인식하여 즉시 번역해 주는 동시통역도 가능하고, 길게 말한 내용도 상대의 언어로 즉시 번역하여 읽어 주는 기능 또한 가지고 있기 때문에 이 세상 어느 지역을 가도 매우 요긴하게 활용할 수 있다.

지금은 음성 인식 기술과 이미지 인식 기술의 발전으로 인해 스마트폰에 말로 하거나 문서를 사진으로 찍으면 문서가 작성되고 작성된 문서를 디지털 음성으로 읽어 준다. 지독한 경상도 사투리도 표준말로 바꾸어 문자화시켜 준다. 이런 모든 문서는 별도로 저장 버튼을 누르지 않아도 클라우드에 자동 저장된다. 스마트폰, 노트북, PC 등 서로 다른 디바이스에서 작업된 문서는 실시간으로 모든 기기에 동기화된다. 또 키워드를 말하면 문서의 제목뿐 아니라 저장된 모든 문서의 내용 전체를 훑어서 그 키워드를 포함하고 있는 문서를 즉시 찾아 준다. 이제는 스마트폰이 PC보다 더 똑똑해졌다. 4~5년 전과 비교도 안 될 만큼 발전한 것이다.

구글 포토를 활용해 본 사람이라면 인공지능의 딥러닝 결과 이미지 인식 기술이 얼마나 발전했는지 놀랄 것이다. 나는 2009년도에 시간이 지남에 따라 빛이 바래는 모든 사진을 다 스캔하여 디지털 형태로 저장한 다음, 앨범들과 사진들을 모두 없애 버렸다. 나는 구글 포토가 거의 최초 출시되면서부터 활용해 왔지만 지금도 이해하기 어려운 기능이 있다. 바로 스마트폰에 저장된 수많은 사진 중에서 어릴 때의 사진 속 나의 얼굴과 엄청나게 달라진 현재 나이 든 사진 속 나의 얼굴 모두 '나'로 인식하여 자동으로 모아 주는 기능이다. 신기하기만 하다.

다음은 동영상 인식 기술이다. 예를 들어 로봇이 주인의 행동을 유심히 관찰하여 주인이 매주 일요일 오전 10시경이면 커피를 마신다는 행동을 파악하게 되면, 로봇은 일요일 9시 55분경 주인에게 "주인님, 지금 커피 가져다 드릴까요?" 하고 물어보게 될 것이다. 이 음성·이미지·영상 인식 세 가지 기술은 최근 들어 그 발전 속도가 눈부시다.

셋째, 똑똑해진 AI 비서 기능이다.

아마존의 알렉사Alexa, 네이버의 클로바, 삼성 갤럭시의 빅스비, 구글 어시스턴트Google Assistant, 마이크로소프트의 코타나Cortana 등과 같은 AI 비서들은 앞서 설명한 음성, 이미지, 동영상 인식 기술의 발전에 힘입어 엄청난 속도로 발전하고 있다. 개인 일정 관리, 소셜서비스 관리, 외국어 번역, 특정 앱과 서비스 실행하기, 쇼핑하기, 이메일 관리, 메신저 관리, 날씨 정보 제공, 여행 정보 제공, 스포츠 경기 알림, 궁금한 것 알려 주기와 잡담하기, 사물 인터넷 제어 등 매우 다양한 기능을 지원하고 있다. 아마존 알렉사의 경우 한국어를 지원하고 있지는 않지만 이런 모든 기능을 활용하여 어린아이들과 놀아 줄 뿐 아니라 각종 생필품의 주문도 인간을 대신해 주고 있다.

지난 2017년 아마존 알렉사와 마이크로소프트 코타나가 협업하기로 합의하여 지금도 노트북이나 PC에서 일부 비서 기능을 활용할 수도

인공지능의 3대 분야

있지만 사실 아직은 쓸 만한 기능이 별로 없다. 그러나 향후 점차 회사의 업무 처리에서도 사용자가 말로 지시하기만 하면 바로 실행되는 부분들이 크게 늘어날 것이다. 또한 점차 회사의 업무 처리에서도 사용자가 말로 지시하기만 하면 바로 실행되는 부분들이 크게 늘어날 것이다.

구글 어시스턴트는 한글을 지원하기 때문에 국내에서 활용하기 가장 좋다. 한국어 음성 인식도 매우 좋고 한국과 중국을 제외한 모든 국가에서 가장 좋은 품질의 지도 기능을 제공해 주는 구글 지도 및 구글 검색 등과의 연동 기능도 있으니 이 앱 하나만 있으면 번역이나 길 찾기 등 수많은 기능에 활용할 수 있다. 특히 해외여행에서는 구글 어시스턴트를 활용하기를 적극 추천한다.

[해외 자유여행 시 필요한 대표적인 기술과 앱]

구글 어시스턴트

　구글 어시스턴트는 삼성의 빅스비, 네이버의 클로바, 아직은 한글화 되지 않았지만 세계 1위를 고수하고 있는 아마존 알렉사와 같이 AI 비서 기능 중 국내에서 활용할 수 있는 가장 강력한 앱이다. 장거리 운전을 할 때 갑자기 누군가에게 전화할 일이 있으면 정지 신호등이 나올 때까지 기다리거나 급한 경우 차를 잠시 옆에 세운 다음 전화해야 한다. 그런데 이제는 내비게이션을 활용하여 운전을 하다가 "헤이 구글"이라고 말하고 "엄마 전화해"라고 명령하면 바로 엄마에게 전화해 준다. 스마트폰에 손을 댈 필요도 없다.

　"만 원이 몇 달러야?", "'안녕하세요'가 태국어로 뭐야?", "100제곱미터가 몇 평이야?", "속초 수요미식회 맛집 찾아 줘", "교대역 가는 길 찾아 줘", "헨델 메시아 틀어 줘", "어제 야구 경기 결과 알려 줘", "아침 6시에 알람 맞춰 줘" 등등 점점 명령어가 크게 늘어나고 있으며 음성 인식도 크게 개선되고 있다. 아마 머지않은 시기에는 실행 가능한 모든 명령을 말로 하기만 하면 실행에 옮겨 주게 되어 생활의 질이 엄청 높아질 것이다.

　국내외 여행 중 사용할 수 있는 다양한 앱이 있지만 여기서는 구글 어시스턴트 기능에 대해서 설명하고자 한다. 구글 어시스턴트 앱을 사용할 때 가장 먼저 해야 할 일은 자신의 음성을 학습시키는 일이다.

구글 어시스턴트에 자신의 음성을 학습시키는 방법은 다음과 같다.

❶ 구글 어시스턴트 앱 아이콘을 2초가량 눌렀다가 떼면 별도의 창이 열린다. 설정을 선택한 다음 'Hey Google 및 Voice Match'를 선택한다.

❷ 'Hey Google'로 어시스턴트 사용 화면에서 '다음' 버튼을 누르고 새로운 화면에서 확인 버튼을 누른다.

❸ '더보기' 버튼을 누른 다음 Voice Match 사용에 동의하기 위해 하단 중앙부 흰색 동그라미를 누른다.

❹ 내용에 동의한 다음 '계속' 버튼을 누르고, '음성 모델 학습시키기'를 선택한다(나는 이미 학습했었기 때문에 '다시'라는 단어가 추가되어 있다).

❺ 그다음부턴 화면에서 시키는 대로 말하면 된다. "오케이 구글"이라고 말한 후 다음 화면에서 다시 한번 "오케이 구글"이라고 말한다. 그다음 "헤이 구글"이라고 말하면 화면 중앙에 있는 원에 파란 선이 4분의 1씩 추가된다.

❻ 5번을 네 번 반복하면 '"Hey Google" is ready'라고 써진 화면이 나타나는데, 이때 'Finish' 버튼을 누르면 끝이다.

위 과정이 끝나면 이때부터 스마트폰 초기 화면에서 "헤이 구글"이라고 말하면 구글 어시스턴트가 자동으로 열리는데, 다른 사람의 목소리에는 실행되지 않고 학습시킨 내 목소리만 인식하여 명령을 수행하게 된다. 다만 앱을 열고 난 후에는 인식시킨 목소리가 아닌 인식시키지 않은 다른 사람의 목소리로 명령해도 실행하니 이 점 참고하기 바란다.

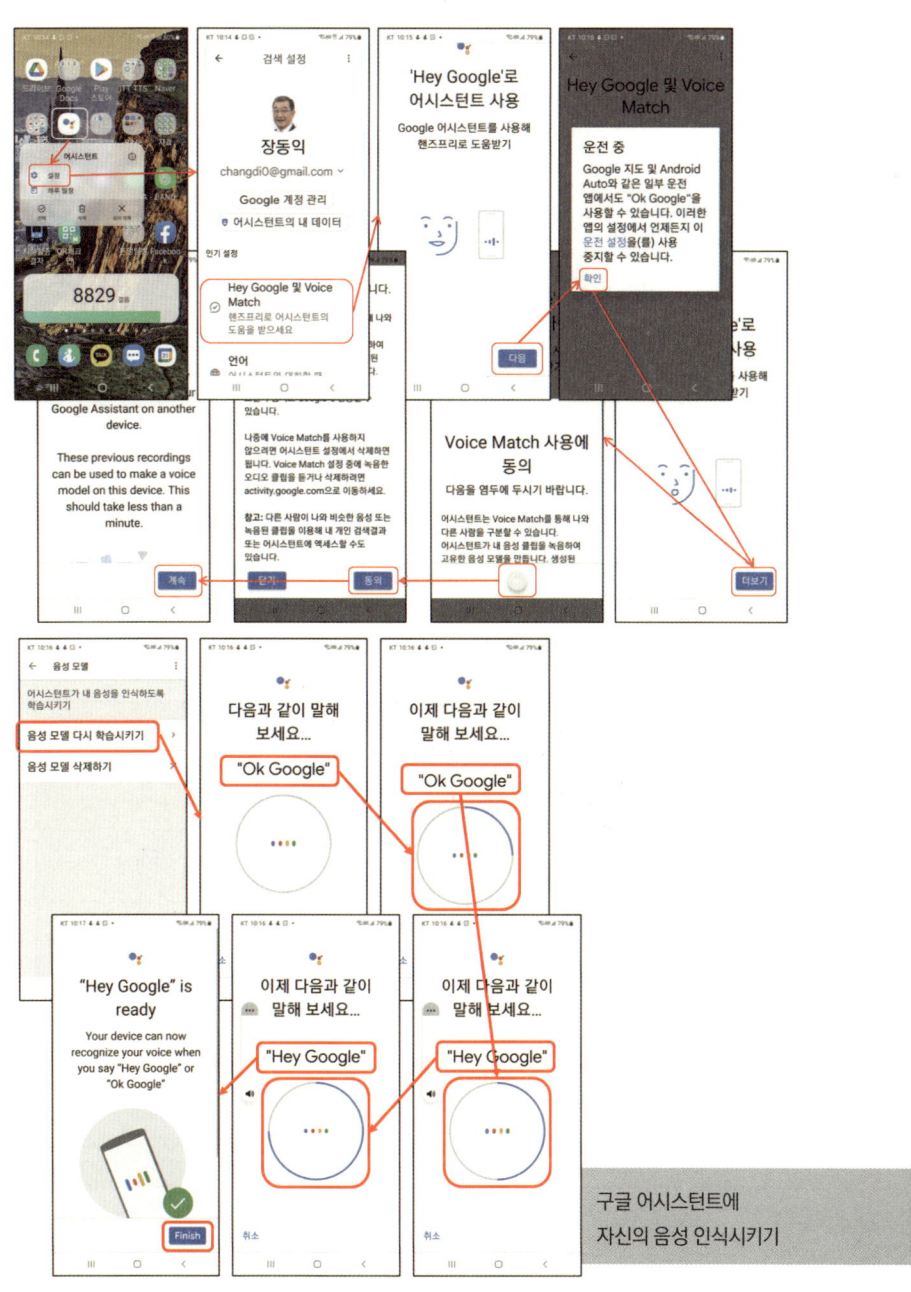

구글 어시스턴트에 자신의 음성 인식시키기

다음은 이렇게 음성을 학습시킨 구글 어시스턴트로 운전 중 말로 전화를 거는 방법을 간단하게 보여 주겠다. 국내 또는 해외여행 중 스마트폰의 내비게이션을 켜고 운전 중에라도 내비게이션 화면 하단 중앙에 위치한 사각형 모양의 '홈화면으로 돌아가기' 버튼을 누르고 나서 "헤이 구글" 또는 "오케이 구글"이라고 말하면 스마트폰 어시스턴트 앱이 아래 첫 그림과 같이 열린다. 곧바로 "엄마한테 전화해"라고 말하면 (간혹 가운데 그림과 같이 전화번호가 맞는지 확인해 보는 경우도 있으나) 바로 엄마에게 전화해 준다.

그런데 사람 이름의 경우 음성 인식이 잘못되어 다른 이름을 검색해 주는 경우도 종종 있다. 예를 들어 '진선혜'인데 '진선해'로 찾는 것처럼

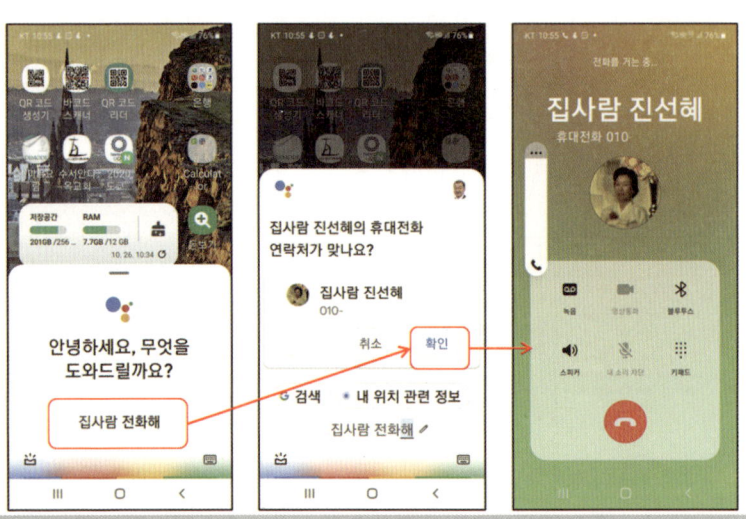

운전 중 전화 걸기

발음만으로 구분이 힘든 경우에 그렇다. 따라서 구글 어시스턴트를 효과적으로 활용하기 위해서는 자주 전화하는 사람의 경우 "엄마 ○○○", "아빠 ○○○", "인사팀 ○○○", "고교동창 ○○○" 등 음성 인식이 잘못되기 어려운 별칭을 이름 앞에 붙여 놓는 것이 좋다. 그리고 통화가 끝나고 나면 스마트폰 화면에 작게 나타나 있는 내비게이션을 눌러 화면을 키운 다음 운전을 계속하면 된다.

운전 중 전화하는 경우와 마찬가지로 어느 지역으로 운전하여 가면서 좋은 맛집을 찾기 위해서는 내비게이션을 잠시 끄고 "헤이 구글"이라고 말한 다음, "속초 수요미식회 맛집"이라고 말하면 〈수요미식회〉에서 속초 지역을 위해 소개했던 맛집 리스트를 읽어 준다.

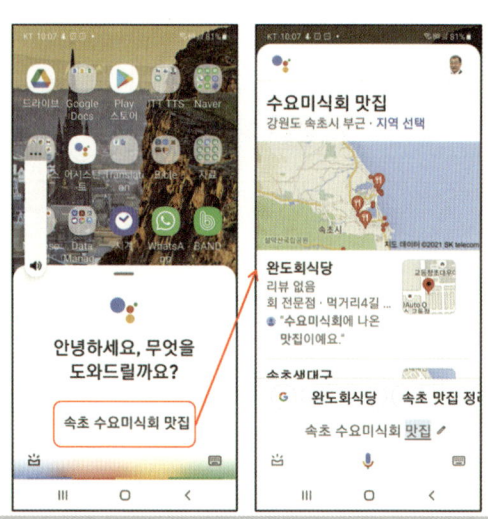

운전 중 맛집 찾기

선택한 맛집을 찾아 가기 위해서는 다시 홈 화면으로 돌아가 "헤이 구글"이라고 말한 다음 "완도회식당 가는 길"이라고 말하면, 아래 그림처럼 카카오맵이 뜨면서 가는 길을 바로 안내해 준다. 아래 그림은 대부도에서 오이도역 가는 길을 보여 주고 있다.

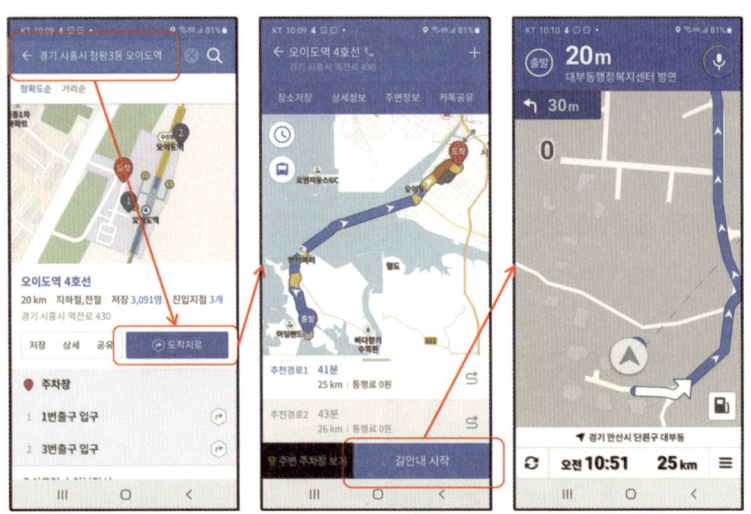

운전 중 맛집 찾아 가기

해외여행 중 현지어를 전혀 모르더라도 현지인과 대화할 수 있다. 구글 어시스턴트에 자기 음성을 학습시켜 놓으면 구글 번역 앱을 찾아 열 필요도 없다.

❶ 스마트폰에 대고 "헤이 구글" 또는 "오케이 구글"이라고 말하면 바로 구글 어시스턴트가 열리고,

❷ "○○어(현지 언어)로 번역해 줘" 하고 명령하면 동시통역 모드가 열린다.

❸ 한국어로 자신이 현지인에게 대화하고 싶은 말을 하면 즉시 번역된 다음 현지어로 읽어 주고, 또 현지인이 현지 언어로 말하면 즉시 한국어로 번역된 다음 읽어 준다.

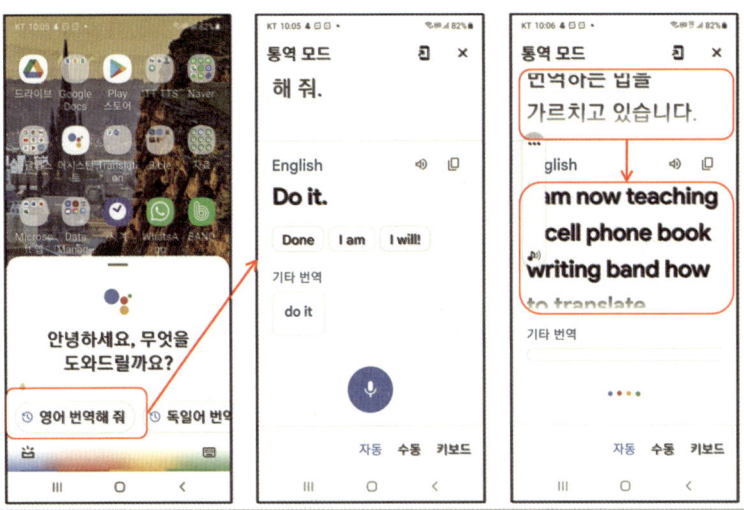

구글 어시스턴트 활용하여 현지인과 대화하기

'안녕하세요', '감사합니다' 등 자주 사용하는 현지 언어를 배워서 활용하고 싶은 경우에는 다음과 같다.

❶ "헤이 구글"이라고 말하면 구글 어시스턴트가 열리고,
❷ "'안녕하세요'가 ○○어(현지어)로 뭐야"라고 말한다. 그러면 현지어로 번역해 줄 텐데 그때 옆에 있는 스피커 아이콘을 누르면 읽어 준다.

스피커 아이콘을 계속해서 눌러 주면 반복해서 나오니 외워질 때까지 소리 내어 따라하면 된다.

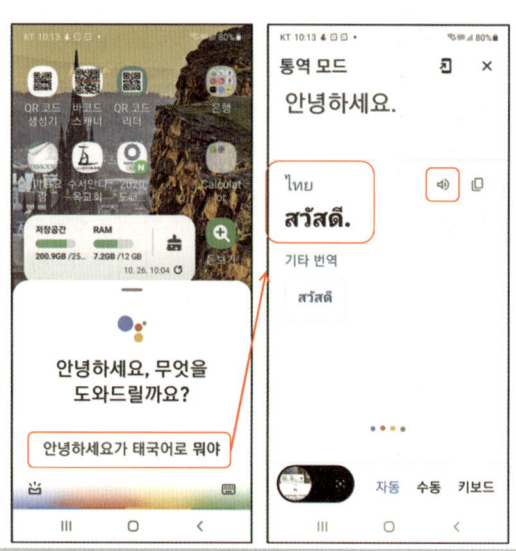

구글 어시스턴트로 현지어 배우기

운전 중이라도 지금 가고 있는 지역의 날씨나 미세먼지를 바로 확인해 볼 수 있다.

❶ "헤이 구글"이라고 말하면 구글 어시스턴트가 열린다.
❷ 바로 "서초구 날씨"나 "대부도 내일 미세먼지"라고 말하면 지정한 시기와 장소의 일기예보나 미세먼지 상황을 알려 준다(다만 미세먼지의 경우 도시 단위로는 알 수 없고 구나 동 단위로만 파악할 수 있다).

해외여행을 계획하고 있다면 세계 어느 지역이든 상관없이 여행하고자 하는 도시명과 해당 월을 말해 명령하면 된다. 예를 들어 "이탈리아 로마 11월 날씨"라고 말하면 즉시 11월의 최저, 최고 기온과 강우일 및 평균 강우량을 알려 준다.

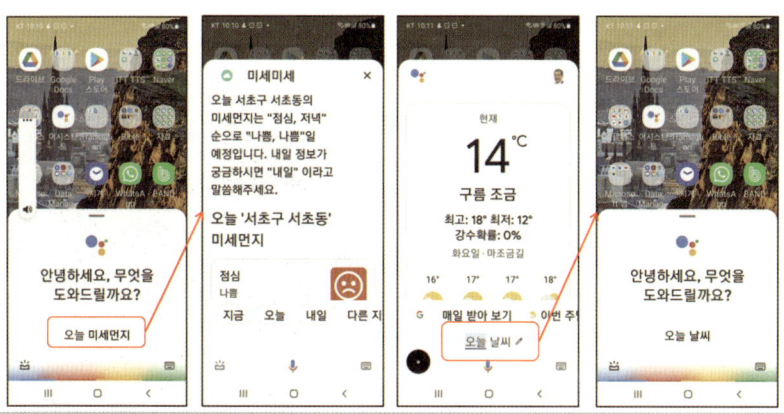

구글 어시스턴트로 현지 날씨 확인하기

구글 어시스턴트는 해외 여행에서뿐 아니라 국내에서도 실생활에 많은 도움을 주는 스마트폰 앱이므로 분야별로 상세한 명령어 예시를 소개하고자 한다.

1. 음악
- 임영웅의 〈별빛 같은 나의 사랑아〉 틀어 줘
- 명상 음악 틀어 줘
- 운전할 때 듣기 좋은 음악 틀어 줘

2. 사진/동영상비디오
- OOO(사람 이름) 사진 보여 줘
- 여행 계획 관련 동영상 보여 줘
- 로마 여행 동영상 보여 줘

3. 날씨
- 오늘 날씨 어때?
- 오늘 미세먼지는?
- 로마 11월 날씨 어때?

4. 번역
- '안녕하세요'가 미얀마어로 뭐야?
- '감사합니다'가 태국어로 뭐야?

5. 지도/위치
- 현재 내 위치 지도로 보여 줘
- 근처 카페 어디야?
- 근처 버스정류장 어디야?

6. 시간
- 지금 몇 시야?
- 이탈리아 로마 지금 몇 시야?

7. 알람
- 1시간 후에 알람 맞춰 줘
- 6시에 알람 맞춰 줘
- 11시에 OOO(사람 이름)에게 전화하라고 알려 줘

8. 전화/문자
- OOO(사람 이름)한테 전화해 줘
- OOO(사람 이름)한테 "어디냐"고 문자 보내 줘

9. 일정
- 오늘 일정 알려 줘
- 10월 20일 일정 알려 줘

10. 그 외 질문
- 내 전화기 어딨어?
- 마하트마 간디가 누구야?
- 오늘 주요 뉴스 알려 줘
- 100만 원이 몇 유로야?
- 1,000제곱미터가 몇 평이야?
- 오늘 삼성전자 주가가 어떻게 돼?

구글 지도

　사용법에 대해서는 이후에 상세히 설명할 예정이니 여기서는 간단하게 언급만 하도록 하겠다. 세계 어디를 가든 스마트폰의 구글 지도 앱에서 목적지와 도착지를 한국어로 말로 입력하면 가는 길을 상세하게 안내해 준다. 또한 맛집을 찾을 경우도 검색 창에 말로 입력하면 그 지역의 맛집을 찾아 준다.

구글 번역

동시통역과 긴 문장 말로 입력하여 현지인과 대화

　여행지에서 현지인과 대화를 할 때 짧은 문장의 경우 구글 번역의 대화 기능을 활용하면 된다. 한국어로 말하면 현지어로 번역하여 읽어 주고, 다시 현지인에게 스마트폰 마이크를 대 주고 현지인이 현지어로 말하면 한국어로 번역하여 읽어 줌으로써 동시통역 기능을 수행할 수 있다. 경우에 따라 긴 문장의 대화가 필요할 경우 마이크 기능을 활용하면 된다. 필요한 내용을 말로 하면 음성을 인식하여 즉시 현지어로 번역해 주고 말이 끝난 후 현지어 앞에 붙어 있는 스피커 아이콘을 눌러 주면 현지어로 읽어 준다.

카메라 기능 활용

구글 번역의 카메라 기능에는 세 가지가 있다.

첫번째, '즉시 번역' 기능이다. 여행지에서 길거리를 다닐 때 현지어로 표기된 도로명이라든지 표지판이나 식당에서 현지어로 적혀 있는 메뉴판에 즉시 번역을 활용하면 카메라 렌즈를 대는 즉시 한국어로 바꾸어 표기된다.

두번째, '스캔하기' 기능이다. 궁전, 박물관 또는 미술관 같은 곳을 방문하면 긴 설명을 벽에 붙여 놓은 걸 발견하게 되는데, '스캔하기' 기능을 활용하여 그 설명판을 찍으면 바로 한글로 번역해 준다.

세번째, '가져오기' 기능이다. 경우에 따라 당장 '스캔하기' 기능을 수행할 시간이 없을 수도 있을 것이다. 스마트폰의 카메라를 활용하여 벽에 붙은 문장을 찍어 놓은 다음, 시간이 있을 때 구글 번역의 '가져오기'를 열면 스마트폰의 갤러리가 열리고 찍어 놨던 사진을 선택하면 된다. 그 사진에 적혀 있는 문자를 인식하여 바로 번역해 준다.

혹시나 이와 같이 획득한 자료를 클라우드 공간에 보관할 필요가 있을 경우, 구글 드라이브에서 구글 문서를 열어 적절한 제목을 정해 저장하면 언제 어디서든 확인할 수 있다.

부킹닷컴 Booking.com

여행지를 선정하기 위해 숙박비가 얼마나 되는지 확인해 볼 때와 숙소를 정한 다음 예약할 때 활용한다. 대체로 대도시 지역의 숙소를 정할 때 활용하는 것이 좋다.

에어비앤비 Airbnb

숙소 예약 시 활용한다. 대체로 소도시, 큰 도시 외곽 지역이나 농촌의 숙소를 정할 때 활용하는 것이 좋다.

트립어드바이저 tripadvisor

여행지와 여행지에서의 볼거리와 즐길 거리 등을 비교·검토해 보고 방문지를 결정할 때 활용한다.

익스피디아 Expedia

여행지를 선정하기 위해 항공료가 얼마인지 확인하고 실제 항공권을 예약할 때 활용한다.

지메일 Gmail

구글이 제공하는 이메일로서, 구글의 모든 애플리케이션을 활용하기 위해서는 지메일을 미리 등록해 놓아야 한다.

실제 여행지에서 여행을 다닐 때는 구글 지도의 스마트폰 앱을 활용하게 되지만, 세부 여행 계획을 세울 때는 화면 크기나 자판의 크기 때문에 PC용 구글 지도를 사용하는 게 편하다.

PC에서 구글 지도를 열기 위해서는 우선 미리 다운받아 놓은 구글 크롬 Google Chrome 을 열고 나서 구글 드라이브를 연 다음, 구글 지도를 열게 된다. PC나 노트북에서 각종 구글 애플리케이션을 활용할 때는 스마트폰에서 각각의 앱을 별도로 다운받아야 하는 것과는 달리, 구글 크롬만 열어 두면 다른 애플리케이션은 별도로 다운받지 않아도 구글 크롬에 연결된 구글 드라이브에서 열 수 있다.

구글 문서

독자들이 평소에 워드나 아래한글을 활용해 왔다면 평소대로 워드나 아래한글을 활용하여 작성한 다음 구글 드라이브에 업로드할 때 구글 문서로 자동 변환할 수 있다. 그러나 구글 드라이브 안에서 구글 문서를 바로 작성하는 방법을 권장한다. 워드를 활용하는 기법과 거의 동일하다. 여행 동행자와 문서를 공유하기 위해서는 구글 문서가 필요하기 때문이다. 여행지에서 급한 업무를 처리해야 할 때도 필히 필요한 앱이다.

구글 스프레드시트/구글 프레젠테이션  줌

여행지에서 급한 업무를 처리해야 할 때 구글 문서와 함께 필요할 수 있는 앱들이다.

구글 주소록

여행 동행자와 구글 문서로 작성된 여행 계획서를 공유하기 위해서는 공유자들의 지메일을 등록하는 구글 주소록이 필요하다.

콘텐츠 시청 앱

여행 시 무선 MHL 동글을 사용하여 현지 숙소의 TV에서 한국 뉴스, 드라마 등 한국어 콘텐츠를 볼 수 있다. 이때 유튜브를 활용할 수도 있으나 경우에 따라 KBS my K, KBS 뉴스, MBC, SBS, 구글 뉴스 등의 스마트폰 앱을 미리 다운받아 놓으면 좋다.

블로 VLLO  **키네마스터 KineMaster**

블로와 키네마스터는 사진 및 동영상을 편집할 수 있는 스마트폰 앱이다. 여행이 끝난 후 일상으로 돌아와서 활용하면 되는데, 여행지에서 찍은 수많은 사진과 동영상을 활용해 자막과 음악, 스티커 등을 삽입해 동영상을 만들 수 있다. 사진과 동영상을 찍은 그대로 보관만 하는 게 아니라 새로운 형태의 동영상으로 만들어 두고두고 볼 수 있는 또 하나의 추억을 만드는 것이다. 이 책자에서는 블로를 이용해 여러 사진을 합쳐 동영상 만드는 법, 키네마스터를 이용해 여러 동영상을 합치고 잘라 새로운 동영상으로 만드는 법을 소개한다.

곰믹스   알씨 동영상 만들기   오캠

　PC용 동영상 편집 앱이다. 여행 후 일상으로 돌아와서 활용하면 된다. 여행지에서 찍은 여러 사진 및 동영상을 가지고 새로운 형태의 동영상을 만들 수 있다. 이 책자에서는 곰믹스를 이용해 자세히 설명할 예정이고, 알씨 동영상 만들기의 활용법은 QR코드로 별첨했다. 지면의 한계상 오캠의 사용법은 넣지 못했으나 매우 간편하고 쉬우므로 활용해 보길 바란다.

PART 03

해외 자유여행 계획 세우기

　이 장에서 설명하게 될 여행 계획을 세우기는 스마트폰이나 PC, 노트북 등에서 전부 할 수 있는 작업이나, 스마트폰의 작은 화면을 사용하는 것보다는 아무래도 PC나 노트북의 큰 모니터 화면을 통해 시행하는 것이 좀 더 편리할 것이다. 하지만 여행 준비부터 여행이 끝난 후까지 스마트폰을 활용하는 방법을 알려 주는 게 이 책의 주목적이므로, PC나 노트북 애플리케이션을 활용해야 하는 세부 여행 계획 세우기를 제외하고는 전부 스마트폰 앱을 활용하는 방법을 소개하고자 한다.

#1 여행지와 여행 기간은 어떻게 정하지?

2020년 11월 티몬이 실시한 해외여행 관련 설문조사 결과, 해외여행이 가능해진다면 가장 가고 싶은 나라로는 베트남, 태국 등의 동남아가 27%로 1위, 영국, 프랑스 등의 유럽이 21%로 2위, 괌, 사이판, 호주 등 오세아니아 남태평양 지역이 15%로 3위, 미주, 하와이가 11%로 4위, 중국, 일본이 10%로 5위, 홍콩, 마카오, 대만이 8%로 6위, 쿠바, 페루 등 중남미가 3%로 7위를 차지했다.

2020년 5월 기준으로 전 세계 에어비앤비 예약 중 60%가 비도시 지역 숙소였다. 2019년에 도시 지역을 찾는 이들이 50% 정도였다는 점과 비교하면 확연히 달라졌다는 것을 알 수 있다. 코로나로 인해 하늘 길이 꽉 막혀 심리적인 압박감을 느끼는 도시인들이 확 트인 자연을 찾는 것

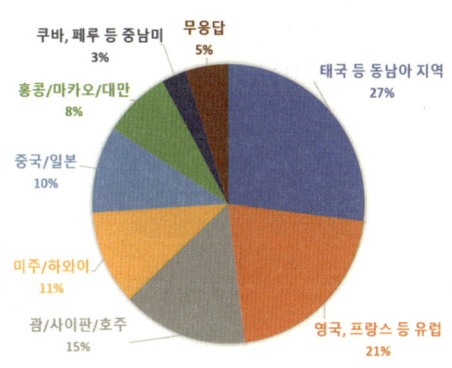

여행이 가능해진다면 가고 싶은 나라는?
(티몬 2020년 11월 설문조사)

은 어쩌면 너무나 자연스러운 흐름이 아닐까 싶다.

　　여행지를 결정할 때는, 먼저 평소에 가보고 싶었던 여행지 3~4군데 정도를 선정해 보자. 그런 다음 유튜브에서 '나라 이름+여행(예를 들어 이탈리아 여행)'이라고 입력하면, 〈세계테마기행〉 같은 TV 프로그램의 관련 영상과 여행 유튜버들이 직접 경험한 브이로그$_{Vlog}$, 여행 꿀팁 영상 등 수많은 동영상이 나온다. 그 동영상들을 두루 감상하고 나서 2군데 정도로 압축하는 방법을 추천한다.
　　여행지 결정에 중요한 영향을 미치는 것은 여행 기간 및 비용이다. 예

를 들어 유럽을 가고자 한다면 비행기 왕복 시간만 해도 2일이 소요되며 (취침 시간 제외), 비행기 요금 또한 만만치 않다. 요즘은 직장인도 꼭 여름 휴가 기간을 활용해야지만 여행을 갈 수 있는 것은 아니기 때문에 비행기 표 값뿐 아니라 여행지 숙박비도 매우 저렴한 비수기를 활용하는 것 역시 여행 비용을 줄일 수 있는 좋은 방법이다. 비행기표 구입의 경우 익스피디아를 통해, 숙박지의 경우 부킹닷컴을 통해 비수기 때의 예약 가능 여부와 요금을 성수기 요금과 비교·검토해 보고 기왕이면 가장 저렴한 시기로 최종 결정하는 것이 좋겠다.

만약 시간을 유동적으로 사용할 수 없는 직장인이라면 여름휴가 기간을 활용할 수밖에 없을 것이다. 그런 경우에는 여행지를 먼저 정하기보다는 자신이 쓸 수 있는 휴가 기간을 먼저 파악한 후 여행 기간을 정하고, 그다음 가보고 싶었던 여행지 중 내가 설정한 여행 기간에 적합한 여행지를 뽑는 것이 나을 것이다.

익스피디아에서 비행기 요금을 확인하고 부킹닷컴에서 호텔의 예약 가능 여부와 가격을 비교·검토하는 방법은, 앞으로 설명하게 될 '#5 숙소는 어떻게 정하고 예약은 또 어떻게 하지?'와 '#7 항공권과 기차표, 좀 더 저렴하게 살 순 없을까?'를 참고해 주길 바란다.

#2 여행지에서 방문할 곳은 어떻게 정하지?

세상은 넓고 갈 곳은 너무 많다. 평소에 꼭 가보고 싶었던 곳을 중심으로 여행지를 정해 보자.

개인적으로 여행지 몇 군데를 추천하자면, 첫 번째 추천 여행지는 이탈리아이고 두 번째는 남프랑스와 파리다. 이탈리아는 상대적으로 물가도 저렴하고 쇼핑 천국이자 볼거리, 먹거리, 즐길 거리가 너무 많기 때문에 많은 여행자가 꼭 가보고 싶어 하는 나라로 꼽힌다. '만자레, 칸타레, 아모레 Mangiare, Cantare, Amore (먹고, 노래하고, 사랑하라)'는 수식어가 그대로 가장 잘 어울리는 나라, 이탈리아로 먼저 여행을 떠나 보자.

그리고 시간적으로나 경제적으로 여유가 있다면 낭만과 예술의 도시, 남프랑스와 파리로도 떠나 보는 것을 추천한다. 남프랑스를 여행하는 내내 마주친 사람들의 표정은 밝았고 여유로워 보였으며, 주변의 멋진 풍경에 빠져 지나온 세월 동안 힘들고 고단했던 내 모든 일을 잠시나마 잊을 수 있었다.

이렇듯 남프랑스는 낭만과 예술을 느끼게 하는 아주 멋진 여행지였고, 나는 이곳에서 진정으로 자유로운 여행자의 기쁨을 비로소 온몸으로 느낄 수 있었기 때문에 독자들도 나와 같은 경험을 해보길 바라는 마음이다.

가까이 인접한 그 주변 국가들도 함께 여행을 계획해 보자. 여행지가 정해지면 서점이나 인터넷을 통해 그 여행지에 대한 여행 책자를 구입하거나 집 근처 도서관에서 관련 책자를 대여하여 읽어 보며 전체적인, 대략적인 내용을 파악해 두는 게 좋다. 책자들을 읽어 보면서 스마트폰에 트립어드바이저tripadvisor 앱을 다운받아 들어가 여행지의 볼거리와 오락거리를 비교·검토한 다음, 개략적인 방문지를 결정한다.

이후 이 책자에서는 이탈리아 로마를 예시로 들어 설명하겠다. 사용법은 다음과 같다.

❶ 구글 계정을 이미 사용하고 있다면 그 계정으로 로그인한다.

❷ 트립어드바이저의 첫 화면에는 '호텔', '즐길거리', '음식점' 3개의 탭이 나올 것이다. 그중에서 '즐길거리'를 선택한다.

❸ 검색창에 '로마'라고 입력하면 로마 관련 항목이 쭉 나오는데, 그중 '로마 – 이탈리아, 라치오'를 선택한다.

❹ 다음 화면 상단을 우측으로 계속 밀어 보면 지도, 즐길거리&랜드마크, 역사적인 장소, 건축물, 신성한&종교적인 장소, 전문박물관, 교회&성당, 고대 유적, 아트뮤지엄, 모든 명소 등 매우 다양한 탭이 나온다. 그중에서 '즐길거리'를 선택한다.

❺ 다음 화면에서 '모두 보기'를 선택하여 나타나는 새 화면에서 '모든 관광명소 보기'를 선택한다.

❻ 가장 처음 지정해 주어야 할 일은 여행 일정이다. 첫 화면은 자동적으로 검색하

트립어드바이저에서 방문지를 결정하는 방법 ①

는 당일부터 1박을 하는 일정으로 나타나는데, 그 날짜 탭을 눌러서 여행 일정부터 지정해 준다.

❼ 좌측 상단 지도 우측에 있는 일정 탭을 누르면 검색 당월의 달력이 나타난다. 그 달력을 손가락으로 위로 올려 주어 원하는 도착일을 누른 다음, 출발일을 누르고 적용 버튼을 눌러 주면 도착일과 출발일의 일정이 지정된다.

❽ 그러면 지정한 여행 일정에 맞춰 가장 추천할 만한 순서대로 즐길 장소들이 나타

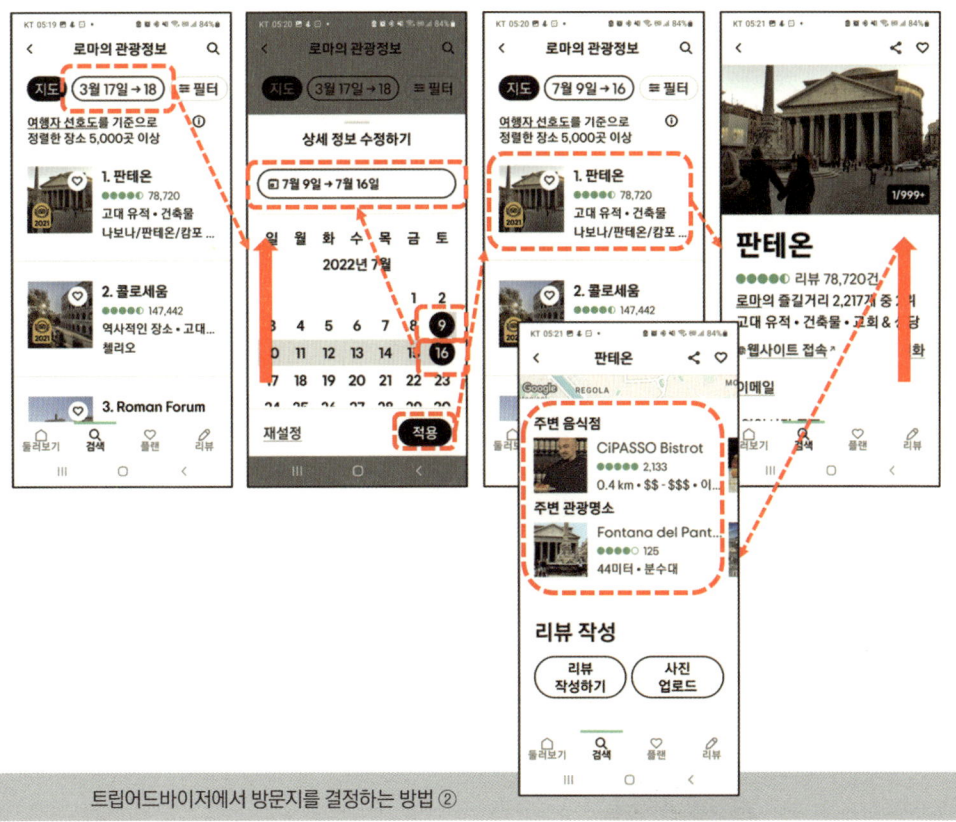

트립어드바이저에서 방문지를 결정하는 방법 ②

난다.

❾ 우선 가장 1위로 추천된 '판테온'을 눌러 주면 그 장소에 대한 상세한 내용이 소개되면서 주변 음식점 및 주변 관광명소도 함께 추천해 준다.

상기와 같은 방식으로 여러 추천 명소를 비교한 후 최종 방문지를 결정하면 된다.

#3
여행지에서 확인해야 할 상세 사항은 무엇일까?

여행 전 여행지에 대한 상세한 정보를 미리 파악하는 것은 매우 중요하다. 나도 과거에 교통편을 미리 확인하지 않아 난감한 상황에 처한 적이 있다.

10년 전, 폴란드 크라쿠프Krakow를 여행 중이었다. 소금 광산을 다녀온 후 그다음 일정으로 아우슈비츠 수용소를 가려고 했으나, 시간이 다소 늦어 이미 대중교통은 다 끊긴 상태였다. 어떻게든 꼭 보고 싶은 수용소였기 때문에 발로 뛰면서 교통편을 알아봤지만 갈 방법을 찾지 못하고 있었다.

여행지 상세 사항 체크리스트

- 현지 기후 및 날씨
- 입장권 구입 및 개장 시간
- 쇼핑할 만한 곳 및 물가 정보
- 현지 축제 정보 및 참여 방법
- 시내 교통 및 관광지 정보

지금처럼 스마트폰과 인터넷이 있었으면 쉽게 교통편을 알 수 있었을 텐데 그때는 알아볼 수 있는 방법에 한계가 있었고, 달리 정보를 얻을 수 없는 세상이라 그냥 포기하고 이미 예약한 체코 프라하행 열차를 타고 출발할까도 생각했다.

하지만 그래도 여기까지 왔는데 아우슈비츠를 안 보고 간다는 게 너무 아쉬워서 버스 정류장으로 뛰어갔다. 그때 마침 정류장에 도착한 우리나라 마을버스 같은 미니버스가 있어서 무작정 그 차에 올라탔다. 버스 기사님께 상황을 이야기했더니 이 버스는 30분마다 소금광산과 크라쿠프역만 운행하는 정규 노선버스라서 안 된다는 것이다. 그래도 포기하지 않고 사정하며 우리 상황을 설명했다.

결국 기사님께서 내 간절함을 아셨는지 한참을 망설이다가 고개를 끄덕이더니 우리 일행들에게 모두 다 차에 타라고 하셨고, 우리는 환호를 지르며 빠르게 그 차에 올라탔다. 우리만을 위한 대절 버스, 정말 꿈만 같았다. 덕분에 그 차를 타고 아주 편하게 아우슈비츠수용소를 왕복으로 다녀올 수 있었다.

아마 소금광산에서 아우슈비츠 수용소까지의 경로와 이동 수단을 미리 확인해 보고 알아보고 갔거나 현지에서라도 스마트폰을 활용하여 검색해 볼 수 있었다면 더 쉬웠을 것이다. 운이 좋다면 나처럼 위기를 극복하고 좋은 추억거리도 하나 만들 수 있겠지만, 그렇지 않다면 그토록 가보고 싶었던 곳에 와놓고도 보지 못할 수도 있다. 그렇기 때문에 이런 일을 방지하기 위해 여행지에서의 상세 사항을 확인하는 건 매우 중요하다.

여행지는 이탈리아 로마, 여행 시기는 11월로 정해진 경우를 예로 들어 보겠다. 날씨나 물가 등 일부 질문은 나라를 기준으로 '이탈리아 + ○○○'으로 검색해도 충분하지만, 대부분은 '로마 + ○○○'처럼 방문하는 도시를 기준으로 검색해야 좀 더 자세한 정보, 내가 정말로 필요한 정보를 얻을 수 있다. 스마트폰이나 노트북, PC의 네이버 검색이나 구글 검색에 들어가 검색어 입력창에 '로마 11월 날씨', '로마 오페라 극장 입장권 가격', '로마 오페라 극장 개장 시간', '이탈리아 현지 물가', '로마 대중교통', '로마 쇼핑할 곳', '이탈리아 11월 축제', '로마 시내 교통', '로마 관광지'라고 입력하면 수많은 블로그, 주 이탈리아 한국대사관의 정보, 동영상 등이 제공되어 상기 질문들에 대한 상세한 정보를 손쉽게 파악할 수 있다.

보다 자세하게 예를 들어보겠다. 예컨대 구글 검색창에 '로마 오페라 극장 현재 공연'이라고 입력하여 검색하면 맨 위에 자유여행 액티비티 플랫폼 케이케이데이$_{\text{KKday}}$ 사이트가 뜬다. 그 사이트에 들어가 보면 현재 로마에서 상영 중인 오페라 공연 〈라 트라비아타$_{\text{La Traviata}}$〉가 나오고 공연 시간 및 티켓 가격 등 상세한 공연 내용을 확인할 수 있다. 이러한 방식으로 자신이 계획한 여행 일정에 맞춰 미리 티켓을 구매한 뒤 여행을 떠난다면 훨씬 풍성한 여행이 될 것이다. 특히 앞에서 설명한 트립어드바이저 앱을 활용한 방문지 결정 및 상기 정보들을 추가 확인하는 과정은 여행에서 빼 놓을 수 없는 중요한 부분이다.

　시내 교통은 앞으로 '#16 여행지 공항에 도착한 후 할 일은 무엇이고 숙소는 어떻게 찾아 가지?'에서 설명하게 될 대중교통 활용법을 읽어 보고, '#20 현지어를 몰라도 맛집이나 관광지를 찾아다닐 수 있을까?'에서 상세히 설명하게 될 구글 지도를 활용하면 된다.

　세계 어느 곳에서든 버스, 지하철, 트램에 대한 상세한 내용과 우버Uber, 리프트Lyft, 그랩Grab, 프리나우FREENOW, 디디Didi 등 각 나라에서 구글과 계약을 맺은 공유 택시 아이콘을 누르면 바로 대상 앱이 떠서 해당 공유 택시를 부를 수 있다. 따라서 비상 상황에 대비하여 여행 전 구글 지도의 검색에서 여행지를 들어가 공유 택시 버튼을 눌러 보고 그곳에서 사용하는 공유 택시 앱을 스마트폰에 미리 다운받아 놓는 것이 좋다.

#4 세부 여행 일정은 어떻게 짜지?

여행지와 여행지에서의 개략적인 방문지가 정해졌다면 이제 세부 여행 계획을 세워야 한다. 이때는 구글 지도를 활용하면 좋은데, 구글 지도는 스마트폰과 PC에서 전부 사용 가능하지만 앞서 언급한 것처럼 큰 화면으로 보면 편하기 때문에 이 부분에서는 예외적으로 PC에서의 사용법으로 소개하겠다. 구글 관련 모든 앱은 일단 구글 크롬만 다운받아 놓으면 된다. 구글 크롬 내에서 구글 드라이브를 개설하기만 하면 다른 앱들을 별도로 다운 받지 않아도 구글 드라이브 안에서 찾아서 활용할 수 있다. 다만, 구글 크롬을 사용하려면 지메일 주소를 미리 등록해 놓아야 하니 이 점만 유의하자.

지면의 한계상 지메일 계정 등록방법은 아래에 URL과 QR코드로 제시하였으니 자세히 읽어 보고 숙지하길 바란다. '지메일 등록/구글 크롬 다운로드 및 구글 드라이브 개설하는 법'이 나온 블로그에 접속하려면 URL이나 QR코드 둘 중에 하나를 이용하면 된다. URL을 네이버나 구글 크롬의 검색창에 입력하거나 스마트폰 기본 카메라를 켠 다음 QR

지메일 등록/구글 크롬 다운로드 및 구글 드라이브 개설하는 법
https://blog.naver.com/changdongik/222439279313

코드에 대고 2초가량 기다리면 QR코드 주변에 사각형 표시가 나타나면서 "브라우저에서 m.blog.naver.com에 접속하려면 여기를 누르세요"라는 배너가 뜨는데, 그 창을 누르면 지메일 계정 등록 및 구글 크롬 다운로드, 구글 드라이브 개설하는 법을 볼 수 있다.

이제 세부 여행 계획을 세우는 방법을 배워 보자. 구글 지도의 PC 버전에서 다음 방법으로 앞에서 이미 정한 여행지(이탈리아 로마)에서 방문하고자 하는 장소들을 하나씩 찾아 각각 저장해 놓는다.

❶ 구글 지도에서 '이탈리아 로마'라고 입력하면 로마 지도가 나온다.

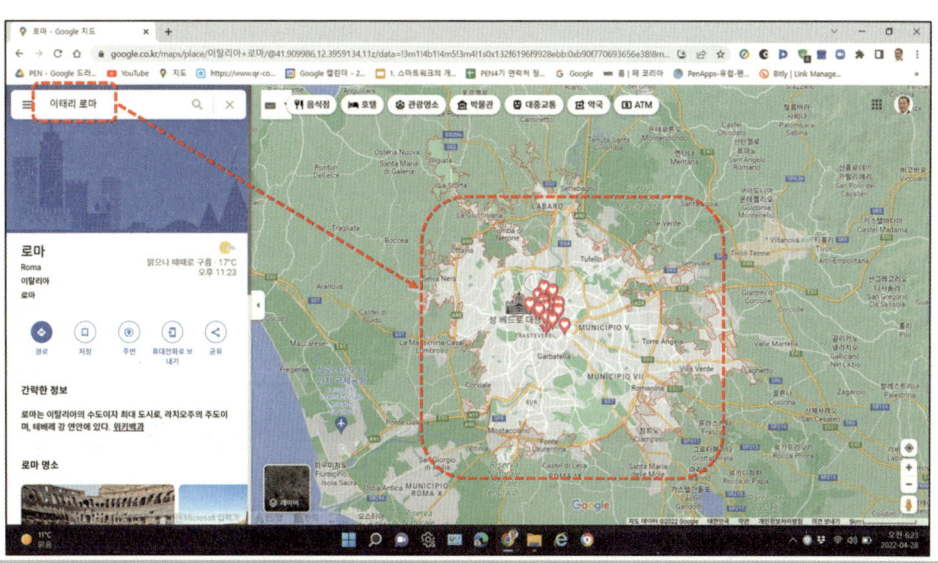

세부 여행 계획 세우기 ①

❷ 방문하고자 하는 장소(예를 들어 포로 로마노)를 입력하여 그 장소를 저장한다. 저장 버튼을 누르면 '즐겨찾기', '가고 싶은 장소', '여행 계획', '별표 표시된 장소' 등 네 가지가 나타난다. 처음 계획을 세울 때는 일단 전부 '즐겨찾기'로 지정하면 편하다. 여행 계획이 최종 확정되면 예를 들어 숙소는 '즐겨찾기'로, 방문지로 확정된 장소는 '여행 계획'으로, 방문지로 확정되지는 않았지만 가고 싶은 장소는 '가고 싶은 장소'로 저장 목록을 바꾸어 주면, 스마트폰 구글 지도에 장소별로 저장 아이콘이 다르게 표시되기 때문에 여행 시 매우 편리하게 활용할 수 있다. 특히 숙소는 '즐겨찾기'의 유일한 목록이므로 지도상에서 바로 찾을 수 있어 매우 편하다.

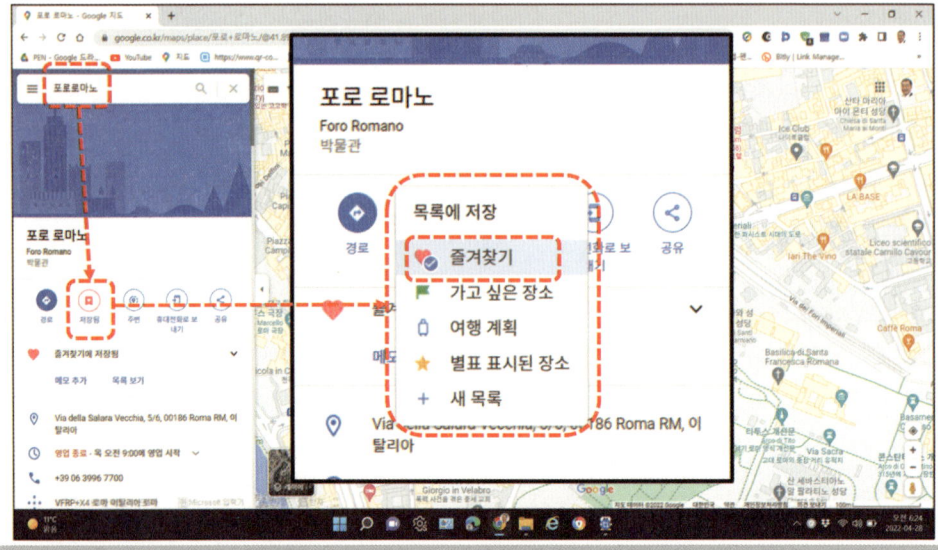

세부 여행 계획 세우기 ②

❸ 2번과 같은 방법으로 방문하고자 하는 장소들을 모두 저장한 후, 지도를 축소하여 전체적으로 보면 저장한 장소 모두를 아래 사진과 같이 한눈에 파악할 수 있다.

❹ 그러면 전체를 방문하기 위해 며칠이 걸릴지 대충 짐작할 수 있으니 매일 방문할 구역을 크게 나누어 본다. 아래에 있는 두 가지 사진 중 밑에 있는 사진이 로마의 여행 일정을 대략 3일로 구분하여 본 예시이다.

세부 여행 계획 세우기 ③

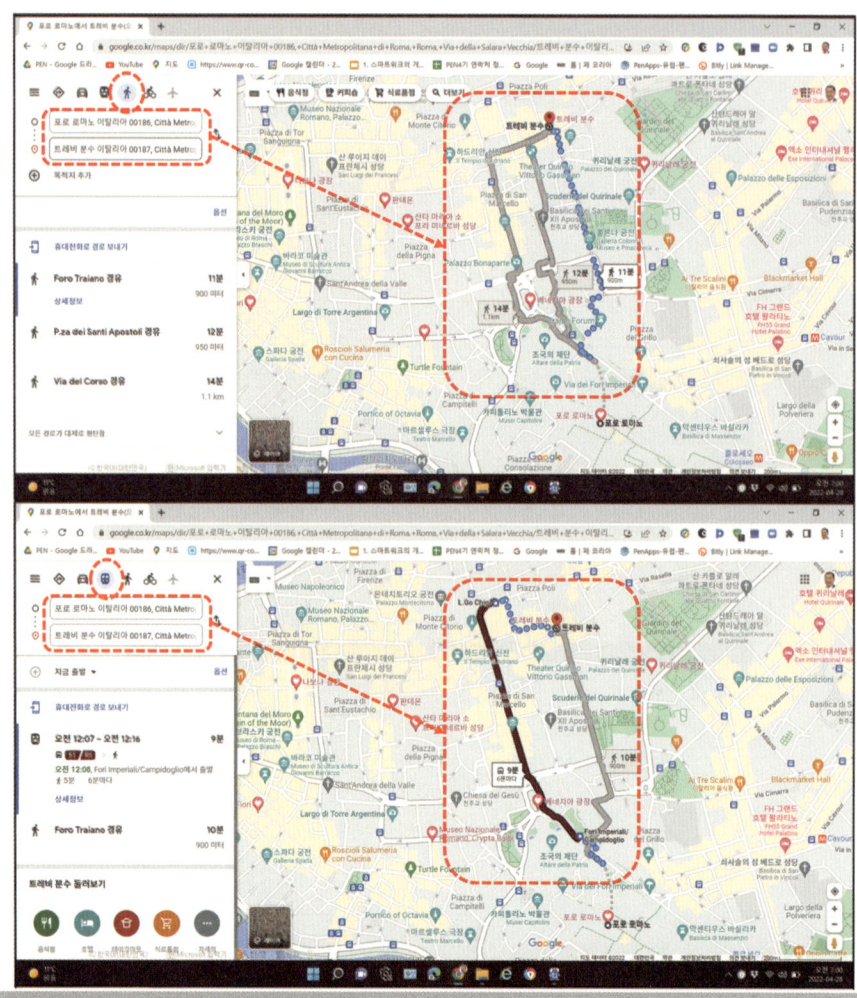

세부 여행 계획 세우기 ④

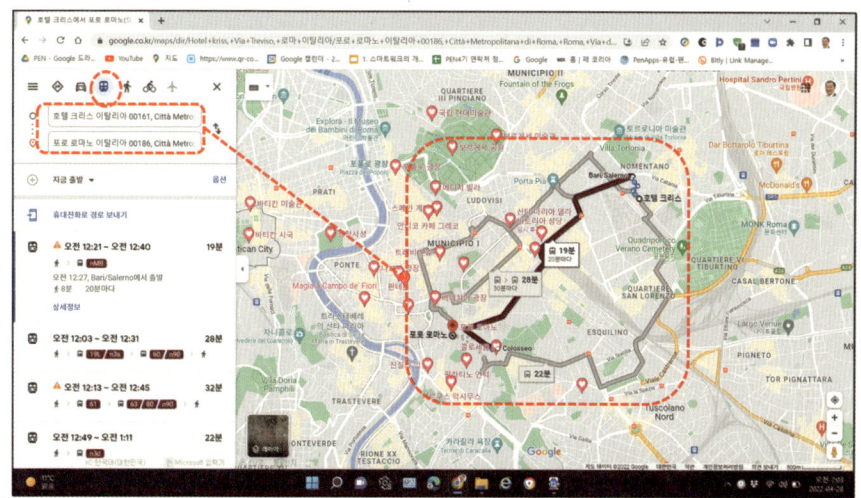

세부 여행 계획 세우기 ⑤

❺ 개략적인 일정을 정한 후 정확한 일정 짜기 위해 92~93쪽에 있는 사진과 같이 이동 수단별 시간과 이동 경로를 확인한다. 세부 여행 세우기 ④가 가까운 거리를 이동할 때의 활용법이라면, 세부 여행 세우기 ⑤는 매일 호텔로부터 시작하여 먼 거리의 다음 장소로 대중교통을 이용해 이동하는 법을 보여 주는 그림이다. 호텔에서 다음 장소로 이동할 때는 대체로 대중교통(지하철, 트램 및 버스)을 이용하는 것이 편한데, 트램이나 버스 노선의 경우 여행지 공항에 도착한 후 방문자 센터 Tourist Center에 가면 지도를 얻을 수도 있으니 챙겨 두면 좋다.

PART 03 해외 자유여행 계획 세우기 | 93

상기와 같은 방식을 지속하면서 조금씩 조정하게 되면 제법 짧은 시간 내에 세부적인 최종 일정을 확정할 수 있게 된다. 이때, 이동하는 데 소요되는 시간도 중요하지만 방문하는 장소 자체에서 소요되는 시간을 잘 정하는 것이 중요하다. 따라서 여행지에서의 방문지를 정할 때 세부적인 내용을 읽어 보고 방문 장소마다 개략적인 체류 시간을 정해 놓는 것이 중요하다.

한 여행에서 여러 도시를 거치는 경우 이와 같은 세부 일정을 확정한 다음 숙박지를 예약해야 한다. 숙소를 예약하지 않고 현지에서 직접 둘러보면서 마음에 드는 숙소를 찾을 수도 있겠지만, 계획한 대로 일정이 흘러가지 않거나 현지 상황에 따라 숙소를 구하기 힘든 상황이 벌어질 수 있다.

20여 년 전, 터키 이스탄불에서 열차를 타고 불가리아를 경유해서 루마니아 수도인 부쿠레슈티Bucharest까지 간 적이 있었다. 대학 선배님들 4명과 친구들 그리고 그 선배님들의 어린 자녀 5명 등 우리 일행 총 12명은 야간열차를 탔다. 11명의 사람들이 아무런 계획과 준비 없이 오직 나만 믿고 터키·동유럽 여행에 나선 것이다.

이스탄불에서 출발한 완행열차는 불가리아를 경유해서 21시간을 달려 부쿠레슈티에 도착했다. 하지만 너무 늦은 시간에 도착하다 보니 숙소를 구하기가 쉽지가 않았다. 무엇보다도 소통이 전혀 되지 않았고 우리 일행들이 너무 많은 데다가 주말이라서 그랬는지 방을 구하기가 정말 힘들었다. 나는 원래 어느 곳을 가든 미리 숙소를 예약하지 않고 역에 도착한 후 역 근처나 시내 중심지에 방을 구하면서 여행을 다니는 스타일이라서 여느 때와 마찬가지로 아무런 걱정 없이 역에 도착했는데, 그날은 내 생각과는 달리 방이 하나도 없었던 것이다.

이러다가는 길에서 노숙을 할 수도 있겠다는 불안한 마음에 여기저기 뛰어다니면서 현지인들에게 도움을 요청했다. 그랬더니 그때 마침 어느 중년의 여성분께서 나에게 다가와서 영어로 무슨 일이냐고 물었다. 우리의 상황을 이야기했더니 선뜻 자기 집에서 재워 주겠다는 것이다. 처음에는 낯선 이의 호의가 의아하고 겁이 나서 망설였지만, 나중에 알고 보니 그 여성분은 고등학교 영어 선생님이셨고 아들을 배웅하러 나왔다가 우리 일행과 마주친 것이었다. 운이 좋아 그렇게 위기를 극복했지만, 만약 그 여성분이 아니었다면 나와 내 일행은 아주 힘든 하룻밤을 보냈을 것이다.

#5
숙소는 어떻게 정하고 예약은 또 어떻게 하지?

　세부 일정이 확정되고 나면 스마트폰에 부킹닷컴이나 에어비앤비 같은 숙소 예약 앱을 다운받아 숙소를 예약하면 된다. 지금까지의 경험에 의하면 대체로 대도시의 경우는 부킹닷컴, 소도시나 지방의 경우는 에어비앤비를 활용하는 편이 좋았다.
　모든 사이트의 예약 방법을 설명할 순 없으니 이 책자에서는 부킹닷컴으로 예약하는 법을 소개하겠다.
　호텔 예약의 경우 대부분 여행 대상 국가에서는 국제공항으로부터 기차나 지하철이 있거나 공항버스가 있기 때문에 공항에서 출발하여 처음 도착하는 역이나 버스정류장 인근의 호텔로 정하는 것이 좋다. 여행지에 도착한 첫날과 마지막 날은 모든 짐을 들고 다녀야 하기 때문에 교통수단을 바꾸거나 길게 걸으면 불편하기 때문이다.
　부킹닷컴의 사용법은 다음과 같다.

❶ 부킹닷컴 앱을 이전에 사용해 본 적이 있다면, 첫 화면에 이전에 확인해 보았던 지역의 호텔이 가장 먼저 보일 것이다. 첫 화면에서 검색 버튼을 누른다.

❷ 사용한 적이 있던 사용자의 스마트폰에는 '검색 조건 변경' 화면이 나타나고, 사용한 적이 없는 사용자 스마트폰에는 바로 '검색' 화면이 나타난다. 검색창에 우리의 여행 목적지인 '로마'를 입력해 준다. 그러면 '로마'라는 이름을 가진 도시나 명소 등

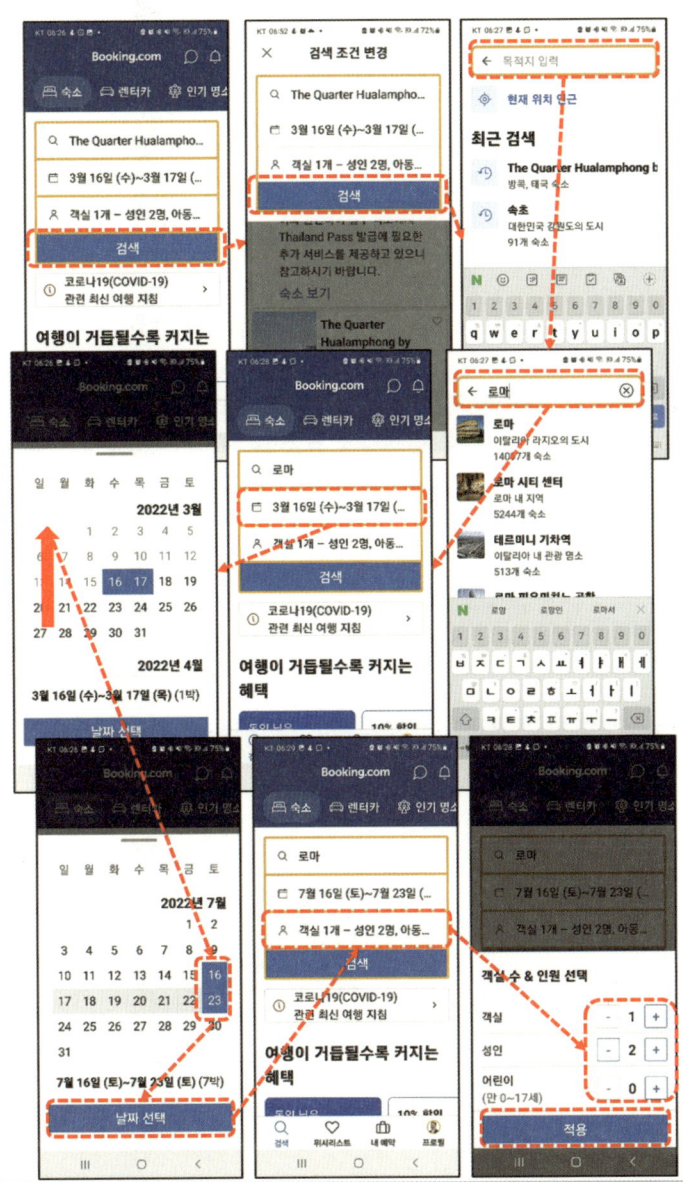

부킹닷컴에서 숙소 예약하는 법 ①

의 이름이 전부 검색되니, 가려고 하는 지역이 맞는지 주의해서 봐야 한다. 나는 이탈리아 로마로 여행을 계획 중이므로 그중 '이탈리아 라지오의 도시'를 선택했다.

❸ 다음 캘린더에서 달력을 계속 위로 밀어 주면 다음 월이 계속 나타나는데, 그중 원하는 도착 일자를 먼저 선택해 준 다음 출발 일자를 선택하면 자동적으로 체류 일정이 정해진다.

❹ 다음 객실의 종류와 숙박 인원을 지정하고 적용을 누른다.

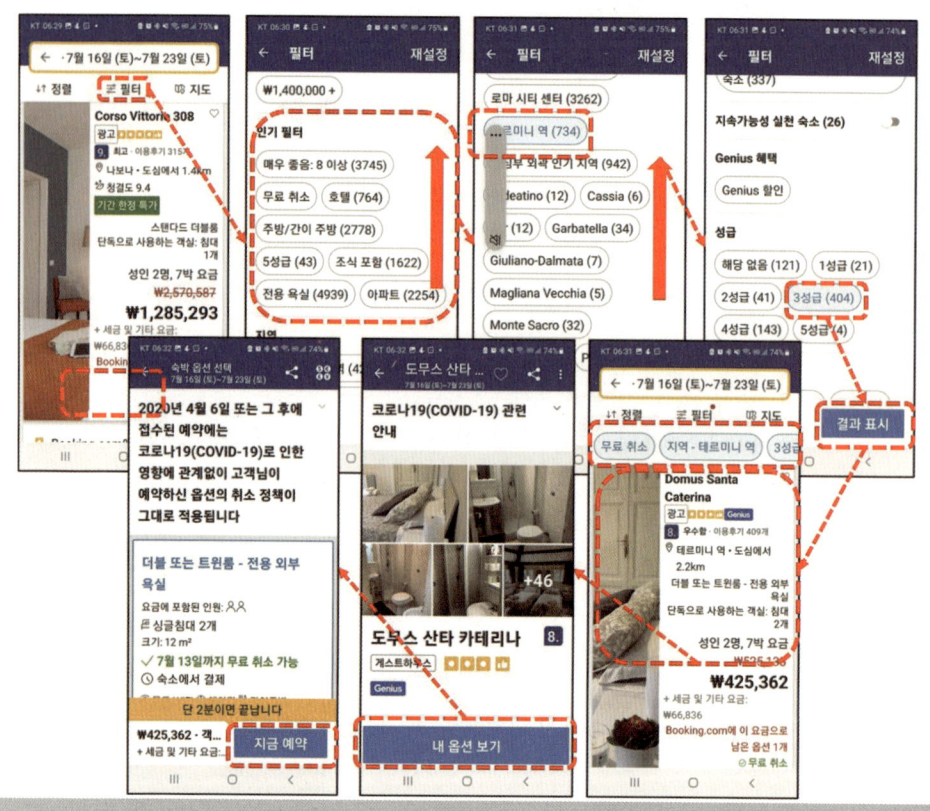

부킹닷컴에서 숙소 예약하는 법 ②

❺ 그러면 그 일정에 예약할 수 있는 숙소를 전부 볼 수 있다. 하지만 모든 숙소를 비교해 볼 수는 없기 때문에 자신이 원하는 수준의 숙박지가 어떤 종류인지 필터 조건을 설정해야 한다.

❻ 화면을 위로 올려 주면 여러 조건이 나타나는데, 인기 필터를 확인해 본 다음 자신이 원하는 조건으로 설정하면 된다. 앞에서 설명한 대로 공항에서 차를 렌트하여 여행하는 경우가 아니라면 대체로 중앙역(이탈리아어로 테르미니Termini) 근처가 좋기 때문에 지역은 '테르미니역', 시설 등급은 '3성급', '무료 취소' 조건 세 가지를 설정했다. 필터 조건 선정이 끝나면 '결과 표시' 버튼을 눌러 준다.

❼ 상기 필터 조건에 맞는 모든 숙소를 추천해 주니 그 숙소들을 비교해 본 다음 나에게 맞는 최적의 숙소를 정하면 된다. 숙소를 정했다면 '내 옵션 보기' 버튼을 누르고 최종 확인을 한 다음 '지금 예약' 버튼을 누르면 끝이다.

이제 결제만 하면 된다. 해외에서 통용할 수 있는 비자Visa, 마스터Master 또는 아메리칸 익스프레스American Express 등의 카드 중 하나를 선택하여 결제를 진행하면 된다. 결제 과정 또한 이미지로 보여 주고 싶지만 개인정보보호법으로 인해 화면 캡쳐를 할 수 없어 자세한 과정 설명은 생략하니 양해해 주길 바란다.

이렇게 숙소 예약을 완료했다면 구글 지도에 들어가 예약한 숙소의 위치를 확인하고 '즐겨찾기'에 저장해 놓아야 한다. 숙소의 즐겨찾기 표기는 여행지에서 어디를 방문하든 다시 숙소를 찾아 가야 할 때 매우 유용하게 활용될 것이다.

#6 세부 여행 계획을 동행자와 쉽게 공유할 수는 없을까?

문서 공유 기능을 모른다면 여행 계획을 별도로 확인하고 싶을 때 그 자료가 저장되어 있는 PC에 들어가 확인하거나 미리 인쇄해 놓은 자료를 일일이 뒤져 가며 확인하는 수밖에 없다.

그러나 이제는 간단하다. 구글 드라이브에서 구글 문서로 여행 계획서를 쉽고 간단하게 작성할 수 있다. 또 작성된 문서는 자신이 공유하고 싶은 모든 사람에게 공유 가능하며, 공유를 받은 사람들 또한 즉시 확인할 수 있고 자신의 의견을 댓글로 남기거나 직접 수정할 수도 있다(공유 시 권한 설정을 할 수 있다). 공유를 하는 사람, 공유를 받는 사람 모두 구글 드라이브와 구글 문서를 스마트폰에 미리 다운받아 놓기만 하면 이 모든 걸 어렵지 않게 시행할 수 있다.

하지만 그전에 구글 드라이브에서 문서를 공유하기 위해서는 우선적으로 해야 할 작업이 있다.

구글 주소록 활용법

문서를 공유하기 위해서는 동행자들의 지메일 주소를 활용해야 한다. 문서를 공유할 때마다 공유받을 사람들의 지메일 주소를 일일이 입력할 수는 없기 때문에 우선 동행하는 사람들의 메일 주소를 미리 구글 주소록에 추가해 놓아야 한다.

구글 주소록의 활용법은 다음과 같다.

❶ 스마트폰에서 구글 주소록 앱을 열어 우측 하단에 위치한 '+' 버튼을 누른다.
❷ 다음 화면에서 성, 이름과 이메일 탭에 지메일 주소를 기타로 지정하여 입력해 준 다음 저장 버튼만 누르면 끝이다.

다시 말해 구글 주소록에 대상자의 성명과 지메일 주소만 기재하여 저장해 놓으면 된다. 문서를 공유할 때 공유 대상자의 이름 한두 글자 정도만 입력하면 별도의 창이 뜨고 그 글자를 포함하고 있는 사람들의 리스트가 뜨니 그중에서 공유할 사람을 선택하기만 하면 된다.

구글 주소록 활용법

구글 독스(구글 문서, 구글 스프레드시트, 구글 프레젠테이션)를 공유하는 방법은 다음과 같다.

❶ 구글 드라이브에서 공유하고자 하는 문서를 열고 오른쪽 상단에 위치한 사람 상반신 모양의 아이콘을 눌러 준다.

❷ 공유하는 사람의 이름 첫 자 정도를 입력하면 리스트가 떠서 공유하기를 원하는 사람을 선택할 수 있다. 이때 주의해야 할 점은 지메일 주소를 가진 사람만 공유할 수 있다는 것이다.

❸ 공유자의 문서에 대한 권한은 세 가지로 나뉘는데 첫째, '편집자' 권한으로 문서를 작성자와 함께 수정할 수 있다. 둘째, '댓글 작성자' 권한으로 문서의 내용을 수정할 수는 없지만 댓글을 달 수 있다. 셋째, '뷰어' 권한으로 수정도 못 하고 댓글도 달 수 없으며 확인만 가능하다. 권한마다 100명까지 초대할 수 있어 이론상으로는 300명까지 초대할 수 있다. 마지막으로 화면 하단의 '전송' 버튼을 누르면 대상자 모두에게 동시에 공유가 된다.

여행 계획서를 공유할 때는 '댓글 작성자' 권한으로 공유하는 게 적합하다. 작성자가 열심히 검색해 보고 알아본 뒤 여행 계획서를 작성해 놓았는데, 공유를 받은 동행자가 아무 생각 없이 고쳐 버리면 혼란스러울 것이다. 하지만 댓글 작성자 권한만 부여하면 공유를 받은 사람도 자신의 의견을 이야기할 수 있어 서로 의견을 나눈 후 수정하면 되니 훨씬 더 효율적으로 작업을 진행할 수 있다.

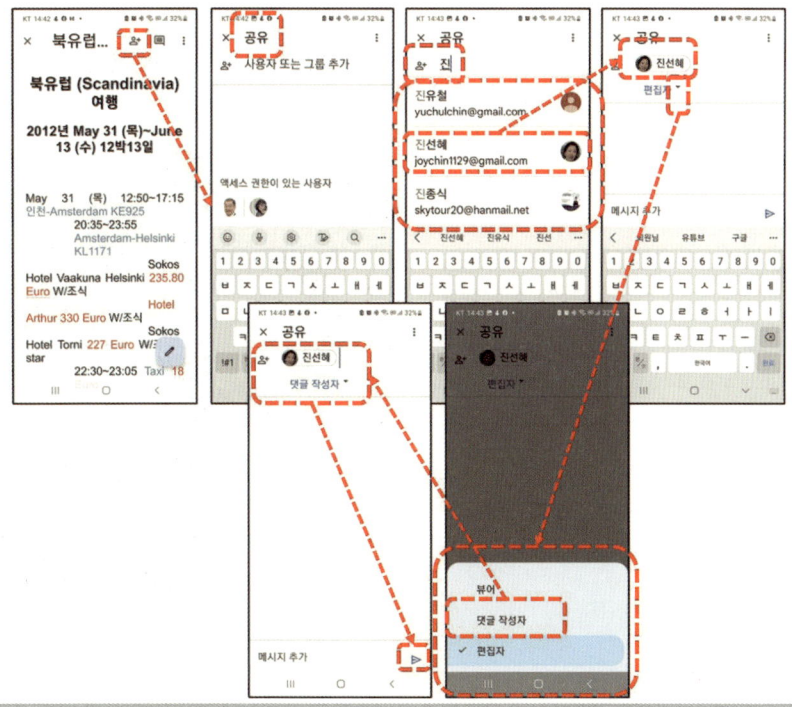

구글 문서 공유 시 권한 설정

　　여행 계획서를 확인할 때마다 매번 구글 드라이브를 들어가 찾아보는 게 귀찮다면? 이 경우 더 편리한 방법이 있다. 구글 드라이브에 들어가 여행 계획서(예시 파일명 '관리.xlsx')의 우측에 있는 점 3개를 눌러 나타나는 새 창에서 '홈 화면에 추가'라는 메뉴를 눌러 주면 여행 계획서가 스마트폰의 홈 화면에 추가된다. 그러면 매번 구글 드라이브에 들어가서 내가 보고 싶은 파일을 찾아 열어 볼 필요 없이 홈 화면에서 바로 열어 볼 수 있다.

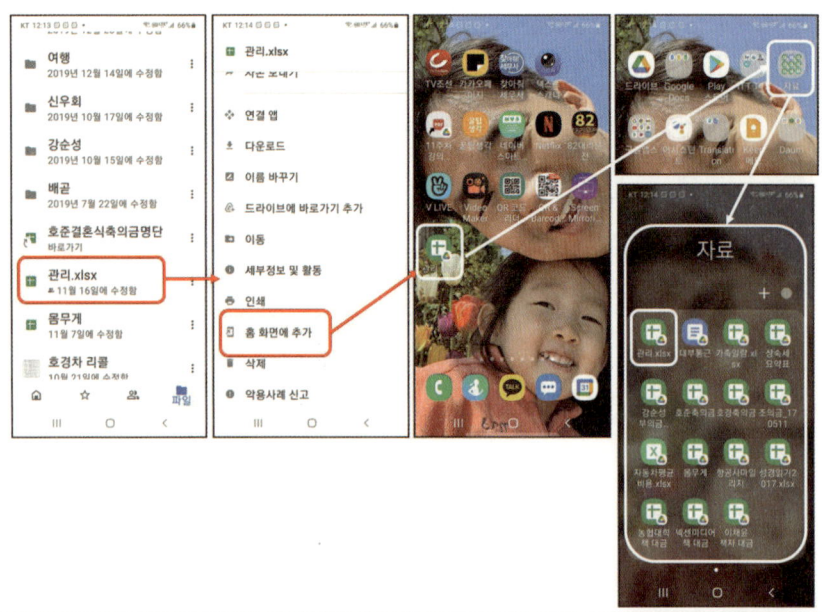

스마트폰 홈 화면에 구글 문서 추가하는 법

　　여행이 끝난 후에 그 계획서를 삭제하고 싶다면? 홈 화면에서 그 계획서 제목을 2초가량 눌렀다 뗀 후 'X' 표시와 함께 있는 '제거' 버튼을 눌러 주면 홈 화면에서 삭제된다. 이때 휴지통 표시와 함께 있는 '제거' 버튼을 누르면 구글 문서 자체가 없어지므로 유의해서 삭제하길 바란다.

#7
항공권과 기차표, 좀 더 저렴하게 살 순 없을까?

　항공권 예약은 내 기준 가장 다양하고 훌륭한 정보를 제공해 주는 익스피디아를 활용해 설명하겠다. 익스피디아는 항공권뿐만 아니라 호텔, 렌터카 등의 온라인 예약과 결제를 통합적으로 관리해 주는 플랫폼이다. 그런데 숙소는 '#5 숙소는 어떻게 정하고 예약은 또 어떻게 하지?'에서 이미 설명했듯이 부킹닷컴이나 에어비앤비를 활용하는 것이 더 좋기 때문에 여기서는 익스피디아를 활용해 항공권을 예약하는 방법만 설명하도록 하겠다.

　사용법은 다음과 같다.

❶ 익스피디아 앱을 최초로 열면 항공권과 숙소를 함께 예약할 수 있도록 제시해 주는데, 우리는 숙소 예약을 마쳤으니 항공을 선택한다.

❷ 아랫부분에 나타나는 '출발'을 누르면 나타나는 '가까운 공항'에서 '인천국제공항'을 선택하고, '도착'에 여행지 도시명을 입력해 주면 그 도시의 공항이 모두 나타난다. 여기서는 예시로 '로마 레오나르도다빈치 국제공항'을 선택했다.

❸ 다음 화면의 달력에서 출발 일자를 선택하는데 손가락으로 달력을 계속 위로 올려 주면 검색 일자로부터 월별 달력 1년치가 나타난다. 출발지에서 출발하는 일자를 먼저 선택한 뒤 목적지에서 출발하는 일자를 선택해 준 다음 완료 버튼을 눌러 준다.

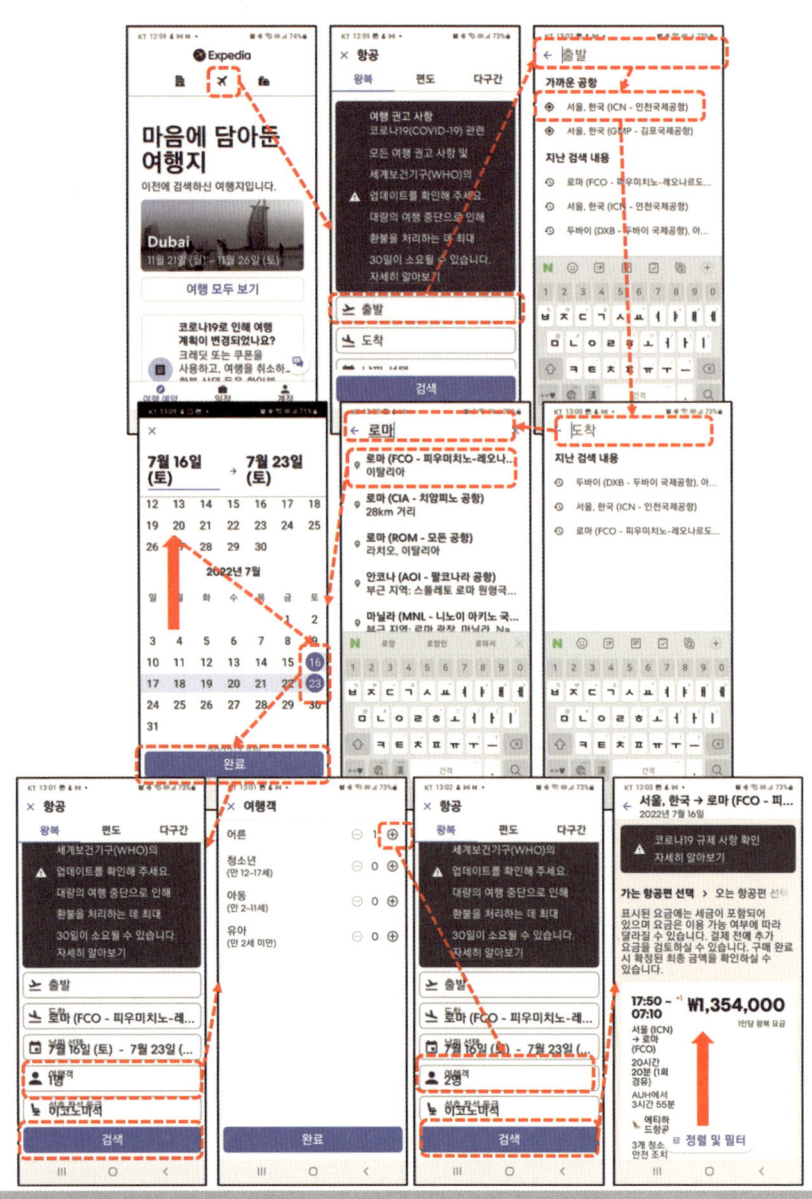

익스피디아에서 항공권 예약 및 구매하는 법

❹ 그다음 여행객 수를 설정한 후 하단의 완료 버튼을 눌러 준다.

❺ 내가 설정한 검색 조건이 맞는지 확인한 다음 하단의 '검색' 버튼을 눌러 주면, 가장 저렴한 항공편부터 차례대로 예약 가능한 모든 항공편을 확인할 수 있다.

예약 가능한 모든 항공편을 눌러 보면 상세한 설명이 나오므로 이번 여행에서 자신에게 가장 중요한 게 무엇인지 따져 가면서 원하는 항공편을 선택하면 된다. 나의 경우 저렴한 요금이 1순위였고, 그다음은 여행지 공항 도착 시간이었다.

나는 혹시 모를 상황에 대비해서 익스피디아에서 항공권과 숙소를 함께 예약했을 경우 부킹닷컴이나 에어비앤비에서 숙소를 별도로 예약하는 것보다 더 좋은 조건이 아닌지 비교해 보았다. 비교하는 방법은 간단하다. 익스피디아에서 내가 예약한 호텔명을 검색해 항공료와 숙박비를 합산한 비용이 어떻게 되는지 확인한 후 비교해 보면 된다.

만약 이 단계에서 별도로 예약하는 것이 더 비싼 것을 확인했다면, #5에서 부킹닷컴으로 확정했던 예약을 취소하고 익스피디아에서 숙소와 항공편을 함께 예약하면 된다. 이때 한 가지 주의해야 할 것은 부킹닷컴으로 진행했던 예약이 무료 취소가 가능한 예약인지를 먼저 확인해야 한다는 점이다. 만약 무료 취소가 불가능한 예약이라 취소 수수료를 내야 한다면, 그냥 예약을 바꾸지 않고 그대로 두는 게 나을 수도 있으니 꼭 확인해 보고 진행하길 바란다.

유럽에서 여러 국가를 동시에 여행할 경우 유레일 글로벌 패스Eurail Global Pass를 이용하면 좋다. 유레일 글로벌 패스는 유럽의 33개국을 연결하는 유레일을 마음대로 탈 수 있는 패스다. 그래서 나는 매번 유럽여행을 떠날 때 유레일패스를 미리 구매하여 다니곤 했다.

비수기 때 여행다닐 때는 단 기간 내에 아주 많은 나라를 방문하는 것이 아니라면, 미리 유레일패스를 구매하여 여행하는 것보다 현지 역사에서 직접 구매하는 것이 더 저렴하다는 사실을 이탈리아 일주 여행 때 새롭게 알게 되었다. 비수기의 열차 티켓 값이 20~40% 할인해서 구입할 수 있는 것이다.

유럽의 여러 나라를 방문하는 계획을 세운 독자들이 유레일 패스를 미리 구매하고자 할 경우 사용할 수 있도록 구매 사이트의 URL과 QR 코드를 별첨했으니 활용하기 바란다.

유레일 패스 구매
https://www.eurail.com/ko/eurail-passes

만약 기차나 버스 등의 교통수단이 아닌 렌트카를 이용해서 여행하길 원한다면 한 가지 주의할 점이 있다. 운전석이 오른쪽에 있는 나라에서는 조심해야 한다. 영국, 일본, 태국, 홍콩, 싱가포르, 인도 등 운전석이 오른쪽에 있는 국가에서는 렌트해서 직접 운전하는 것보다는 대중교통을 이용하는 것이 좋겠다.

하지만 그럼에도 렌트카를 이용해야 하거나 이용하고 싶다면, 렌탈카스닷컴rentalcars.com을 이용하면 좋을 듯하다. 렌터카 예약 사이트 또한 URL과 QR코드로 제시하였으니 이용에 참고바란다.

렌탈카스닷컴
https://www.rentalcars.com

#8 여행지에 관해 추가로 확인해야 할 항목은 무엇일까?

앞서 여행지에 관해 많은 걸 알아보고 준비했지만, 떠나기 전 추가로 확인해야 할 게 더 있다. 아래는 내가 직접 여행하면서 필요하다고 느꼈던 몇 가지 항목들이다.

- 현지 문화 에티켓
- 현지 팁 문화
- 위급 상황 대처 방법
- 관광지 소매치기 퇴치법
- 질병관리본부
- 코로나19 이외의 예방접종 필요 여부

현지 에티켓, 팁 문화 등 여행지의 문화와 관련된 것들을 미리 공부하고 가면 내가 모르고 했을 법한 잘못된 행동을 미연에 방지할 수 있다. 또 소매치기 예방법 같은 것도 중요하다. 특히 유럽권에서는 흔하게 벌어지는 일 중 하나이니 예방법 정도는 익혀 두고 가는 게 안전하고 즐거운 여행을 위한 방법일 것이다. 소매치기 같은 위험은 즐거웠던 여행을 한순간에 망칠 수 있다. 나도 여행을 망칠 뻔했던 일화가 있다.

열차 여행 중 평생 잊을 수 없는 최고의 코스는 스위스 루체른에서 출발해서 로마 테르미니역에 도착하는 여정이었다. 특히 겨울에 환하게 달이 뜬 날 눈 쌓인 알프스 설경은 그야말로 설국열차를 타고 있는 듯한 환상적인 코스였다. 그런데 그렇게 멋진 풍경에 푹 빠져 탄성과 환호를 지르다가 새벽쯤 깊은 잠에 빠지면 영락없이 소매치기한테 당하고 만다.

나와 함께 여행했던 일행도 예외 없이 당했다. 다행히 나는 돈을 분산해 놔서 조금 털렸지만 동행했던 초등학교 부부 교사는 남편이 모든 여행 경비를 복대 안에 넣어 허리에 차고 있었는데도 다 털려 버렸다.

그 사건 이후 생각해 낸 게 바로 마른 오징어였다. 그 후 나는 열차를 탈 때마다 맥주와 함께 마른 오징어를 꺼내서 먹었다. 실제로 우리 칸의 빈자리를 보고 국적 모를 덩치 큰 남자들 몇 명이 들어왔다가 오징어 냄새 때문에 기겁을 하고 나갔다. 그래서 그 후로는 소매치기 당할 일 없이 아주 우아하게 낭만적인 야간열차 여행을 즐길 수 있었다.

이처럼 야간열차로 여행할 때는 특별히 소매치기 당하지 않도록 각별히 신경 쓰고 철저하게 대비해야 하지만, 야간열차로의 여행이 아니더라도 여행지마다 주의해야 할 사항들이 있다. 여행지가 이탈리아 로마라면 네이버나 구글에 들어가 검색창에 여행지와 키워드를 입력하고 검색하면 된다.

'이탈리아 문화 에티켓', '이탈리아 팁 문화', '이탈리아 위급 상황 대처 방법', '이탈리아 질병관리본부', '트레비 분수 소매치기 예방법', '예방접종이 필요한 나라'라고 검색하면 수많은 블로그, 동영상이 나오니 상세한 내용을 확인해 두어야 한다.

#9 여행 계획을 세울 때 참고할 만한 샘플이나 팁 같은 건 없을까?

    2011년 11월 23일부터 12월 5일까지 12박 13일간 이탈리아(로마, 피렌체, 밀라노, 베니스, 나폴리, 폼페이, 소렌토, 카프리섬, 아말피)를 일주한 여행 계획서와 2012년 5월 31일부터 6월 13일까지 13박 14일간 북유럽(핀란드 헬싱키, 에스토니아 탈린, 스웨덴 스톡홀름, 노르웨이 오슬로/베르겐/송네피오르, 덴마크 코펜하겐, 네델란드 암스테르담) 여행을 한 여행 계획서를 추가로 별첨하니 참고하기 바란다. 모든 일정이 계획서대로 이루어지지는 않았지만 거의 대부분 계획 세운 대로 이행했다. 빨간색으로 표기된 부분은 전반적인 내용에 대한 설명이거나 식사를 하게 될 식당이거나 입장료가 있는 경우 가지 않아도 좋겠다는 표시이다.

    여행 계획을 세우는 데에는 어떠한 기준이 있는 것은 아니다. 다만 내가 경험해 본 바에 의해 소소하지만 나름대로 중요했던 몇 가지 팁을 공유하니 여행 계획을 세울 때 조금이라도 도움이 되길 바란다.

⟫⟫⟫ 운영 시간, 휴무일 확인(실패를 최소화하기 위한 필수 항목)

개인적으로 여행 계획을 짤 때 가장 중요하다고 생각하는 부분 중 하나다. 휴무일이나 운영 시간 등을 미리 파악해 놓지 않으면 아무리 가보고 싶었던 관광지나 음식점이라도 방문하지 못하게 될 수도 있다. 그러니 내가 가고자 하는 A 박물관의 휴무일이 언제인지, B 음식점의 브레이크 타임은 몇 시부터 몇시까지인지 등을 미리 파악하고 계획을 짜야 한다.

⟫⟫⟫ 방문하기 좋은 시간대나 날짜 확인(여행 중 마주할 최고의 순간을 위해)

일출, 일몰로 유명하거나 한낮에 뷰가 좋다면 그 시간대에 맞춰 방문하기 위해 이동 시간 및 체류 시간을 고려하는 게 좋다. 파리에서 에펠탑을 본다면 이왕이면 정각에 불이 반짝반짝 들어올 때 방문해 인생샷을 건지고 싶지 않은가? 이런 점을 고려해 일정을 짜면 여행의 행복감이 더욱 올라갈 것이다.

⟫⟫⟫ 혹시 모를 상황에 대비한 차선책 준비(최상의 플랜 A부터 최후의 플랜 Z까지)

무엇을 하고 싶은지 혹은 어떤 것을 덜 하고 싶은지를 정하고 나면, 혹시 모를 상황에 대비해 백업 플랜을 마련해 두자. 휴무일과 운영 시간을 확인했어도 보수공사를 해서 갑작스레 휴장을 하는 등의 일로 방문이 불가능해질 수도 있다. 이럴 때 백업 플랜을 마련해 두면 갑작스러운 상황에도 당황하지 않고 대처할 수 있을 것이다.

〉〉〉 체력 안배(현실적인 여행 계획 세우기)

하나라도 더 보고 많이 경험해 보고 싶어서 떠나는 여행이지만, 그렇다고 너무 무리한 일정을 계획한다면 오히려 행복하지 않은 여행이 될 수 있다. 몸이 지치면 여행하는 것 자체가 즐거움이 아닌 피곤함으로 다가올 수 있기 때문이다. 특히 장기 여행의 경우 매일매일 빠듯한 일정으로 계획을 짜 놓으면 여행 후반부에 가서 체력이 안 되어 중요한 일정을 소화하지 못할 수 있으니 일정에 충분한 휴식 시간을 넣어 휴식과 관광의 적당한 밸런스를 맞추는 게 중요하다. 또, 욕심을 내서 이동 거리나 시간 등을 너무 타이트하게 잡아 계획을 세운다면 그 계획이 어그러질 가능성이 높다. 예컨대 구글 지도상 30분이 소요되는 거리라고 하더라도 초행길인 것을 감안하여 이동 시간을 넉넉히 1시간으로 잡는 게 좋다.

이탈리아 여행 계획
http://bit.ly/3EJeL1q

북유럽 여행 계획
http://bit.ly/3sJOPk9

PART 04

해외 자유여행 사전 준비하기

#10 여권, 비자 및 백신여권은 어떻게 준비해야 할까?

여행 계획을 짜고 나면 가장 먼저 준비해야 할 것은 바로 여권이다. 여권은 가장 기본적이면서도 가장 중요한 준비물이라고 할 수 있다. 또한 해외 여행지에서는 여권 만료일이 6개월 이내면 입국 자체가 되지 않을 수 있으니 여권을 이미 보유하고 있더라도 해외 여행지 도착 일자에 여권 만료 기한이 6개월 이내일 경우 여권 기한 연장을 미리 해놓아야 한다. 2018년부터 여권 유효 기간 만료 6개월 전에 만료 사실을 문자메시지로 미리 통지해 주는 '여권 유효 기간 만료 전 사전알림 서비스'가 시행되었으니 해외여행 전 통지 문자를 받았다면 재발급을 신청하면 된다. 그리고 여행지에 따라 비자를 별도로 받아야 하는 나라도 있으니 이 또한 미리 확인해 봐야 한다.

[여권 발급]

여권은 해외에서도 통하는 나의 신분증이다. 대한민국 영토를 벗어날 사람이라면 누구나 여권이 있어야 한다. 여권은 1년 안에 한 번만 사용할 수 있는 단수여권과 10년 이내의 기간 동안 여러 번 사용할 수 있는 복수여권이 있다. 앞으로도 여행을 계속할 예정이라면 유효 기간이 10년인 복수여권을 받아 놓는 것이 좋다(단 18세 미만은 5년까지만 신청할 수 있다). 여권은 외교부장관이 발급하며 발급 업무는 외국에서는 영사가, 국내에서는 도청, 시청, 군청, 구청 (여권 발급 대행기관)의 민원실 내 여권과에서 대행을 하고 있다. 2021년 12월 21일부터는 새로운 차세대 전자여권(신여권)이 발급되기 시작했다. 또 온라인으로도 신청이 가능해졌다.

신규 발급이란 최초 신규여권이나 유효 기간 만료 후에 새롭게 발급한 여권 또는 유효 기간은 남아 있지만 새로운 여권을 발급하는 것을 말하며, 재발급이란 다양한 사유로 인해 유효 기간 만료 이전에 남아 있는 유효 기간을 인정받기 위해 새로 발급받는 것을 말한다.

1. 여권 발급 신청 및 수령 방법

- 시청, 구청, 도청, 군청의 여권과에 직접 방문하여 신청하고 여권 발급 후 여권민원과에서 직접 수령 또는 우편 수령(5,500원 우편물 서비스 이용료가 있고, 본인 수령만 가능하며 본인 부재 시 반송됨. 주소가 같더라도 인당으로 요금이 부과됨)
- 정부24 온라인으로 신청하고 여권 발급 후 자신이 신청한 여권민원과에서 직접 수령

여권 신청 및 발급 기관에 방문할 때는 지문과 안면 인식 등록이 필요하다. 여권은 신청 후, 평일 기준 4~5일 뒤 발급된다.

2. 여권 발급 신청을 위한 준비물

- 최근 6개월 이내 촬영한 3.5×4.5cm 크기의 여권 사진 1매(신여권이 아닌 구여권의 경우는 2매가 필요함)
- 신분증
- 여권 발급 수수료(26면 5만 원 / 58면 5만 3,000원)

기존 여권 만료일이 남아 있다면 기존 여권을 지참해야 하며, 만료 기간이 지났다면 신분증 지참하면 된다.

여권 사진은 규격이 엄격하다.

- 흰색 배경(그래서 사진 촬영 시 흰색 상의를 입으면 안 됨)
- 양쪽 눈썹이 모두 나온 정면 사진
- 머리 길이(정수리부터 턱까지) 3.2~3.6cm

이처럼 규정이 생각보다 까다로우니 스마트폰으로 직접 사진을 찍거나 청사 안에 있는 무인 사진부스를 활용할 수도 있겠지만, 그보다는 안전하게 여권 사진 전문점을 이용하는 것을 추천한다. 여권 사진 전문점에서는 온라인 사진 업로드 규격에 맞는 사진 파일과 실물 사진 모두 받을 수 있다.

참고로 기존 구여권에서는 사증이 부족하면, 임시로 24매를 추가할 수 있었는데, 이러한 시스템은 전면 폐지됐다. 다시 말해 기한 이내에 사증란을 모두 소진했다면, 새로운 여권을 다시 발급받아야 한다.

3. 온라인 여권 재발급

여권 재발급은 온라인으로 신청할 수 있다. 그러나 생애 첫 여권 발급이라면 발급기관에 직접 방문하여 신청해야 한다. 그 외에도 만 18세 미성년자나 외교관, 관용, 긴급 여권, 배우자 성을 포함하여 영문 이름의 변경을 희망한다면 이 서비스는 이용할 수 없다. 모바일로 재발급을 받기 위해서는 일반 웹에서는 실행되지 않기 때문에 우선 '정부24' 앱을 설치해야 한다.

그리고 공동인증서와 여권용 사진의 이미지 파일이 필요하다. 차세대 전자여권은 기본 10년으로 발급된다. 미성년자, 사회복무요원은 5년 등으로 예외사항이 있다.

온라인에서의 발급 신청 과정은 다음과 같다.

❶ 정부24 홈페이지에 접속한다.

❷ 검색창에 '여권재발급'이라고 입력한다('발급'보다는 '재발급'으로 입력해야 신청 서비스를 찾기 쉽다).

❸ 화면에 보이는 '신청 서비스' 클릭 후 아래에 있는 '신청' 버튼을 클릭한다.

❹ '회원 신청하기'를 진행한다(미리 사이트에서 회원 신청을 해놓으면 편리하다).

❺ 이용약관 동의 후 본인의 정보를 입력한다. 신청자 정보를 조회하면 자동으로 기존 내용을 불러와 준다. 유효 기간이 남아 있는 사람은 유효한 여권이 있다는 정보가 나온다. 신청 발급이 제대로 이루어져서 신여권을 수령하게 되는 경우, 반드시 기존 여권을 가지고 와야 한다고 명시되어 있다.

❻ 몇 가지 동의사항 과정을 거치고 나면 '여권 종류'와 '수령 기관'을 선택해야 한다. 차세대 전자여권의 경우 10년짜리 기간으로 정해져 있지만 면수는 선택할 수 있다.

❼ 다음으로 가장 중요한 여권 사진. 온라인 신청 시 여권용 사진 파일이 필요하다. 이 때 규격화된 여권 사진을 찍어서 파일로 미리 저장(200KB 이하의 용량만 첨부가

가능)해 두어야 하는데, 여권 사진 전문점에서는 규정에 맞게 제공해 준다.

❽ 마지막으로 재발급 수수료까지 결제하면 신청 완료 문자를 받게 될 것이다. 참고로 여권 재발급 비용 외에 결제 수단별 수수료가 별도로 부과된다. 재발급 비용과 결제 수단에 따른 수수료 2,120원을 결제해야 한다.

❾ 신청을 완료한 후 4~5일 후 발급이 완료되었다는 문자를 받게 된다.

❿ 수령 기관을 방문할 때는 유효 기간이 남은 구여권을 반드시 지참해야 새로운 여권 수령이 가능하다. 신청한 수령 기관 종합민원실에 도착해 지문 및 안면인식 등록과 사인까지 마치면 여권을 수령할 수 있다.

현역 및 전역 예정인 사람, 미성년자 및 질병을 가지고 있거나 장애인들을 위한 여권 발행 등 보다 자세한 내용을 확인하고 싶은 독자들을 위해 외교부 여권안내 홈페이지를 URL과 QR코드로 제시하였으니 참고하길 바라며, 온라인으로 여권을 발급받고자 하는 독자들을 위해 정부24 사이트 또한 URL 및 QR코드로 제시하였으니 참고하길 바란다.

정부24
https://www.gov.kr

외교부 여권안내 홈페이지
https://www.passport.go.kr/new/issue/general.php

[비자VISA, 사증 발급]

비자VISA란 한국말로는 '사증'이라고 하는데, 쉽게 설명하자면 외국인에게 우리나라에 들어와도 된다고 하는 입국 허가를 해주는 '입국허가증'이다. 대한민국 국민의 무비자 입국 가능 국가는 대한민국 일반 여권 소지 국민이 비자 없이 입국할 수 있는 국가를 말한다.

2018년 'Passport Index'에 따르면 대한민국 여권의 여행자유 점수 Visa Free Score는 162점으로, 스웨덴과 함께 세계 1위의 여권 영향력에 해당된다. 2021년 'The Henley & Partners Visa Restrictions Index'에 따르면 대한민국 여권으로 무비자 혹은 도착비자등으로 여행할 수 있는 국가 및 지역은 191개국 및 지역이며, 독일, 프랑스와 동일한 세계 3위의 비자 자유도에 해당된다. 글로벌 금융자문사 '아톤 캐피털Arton Capital'이 공개한 2018년 199개국 및 지역 '여권 파워' 지수에서 한국이 싱가포르와 함께 162점으로 공동 1위에 올랐다. 여권 지수는 해당 여권으로 무비자 방문 가능국과 도착비자 가능 국가 수를 합산한 숫자다.

여행하고자 하는 나라의 비자가 필요한지를 확인하기 위해서는 외교부 해외안전여행 홈페이지에서 비자 관련 내용을 확인해 보면 된다. 외교부 해외안전여행 홈페이지는 여행하고자 하는 나라의 비자 발급에 대한 보다 확실한 내용을 확인할 수 있도록 주한외교공관도 연결할 수 있는 정보를 제공해 주고 있다. URL과 QR코드를 별첨했으니 참고하기 바란다.

외교부 해외안전여행의 비자 내용 확인에 들어가 보자. 중국은 일반 여권의 경우 'X'로 표기되어 사증이 필요하다. 중국 사증의 경우 대사관 방문 대신 여행사를 통해서 발급받아야 하고, 캄보디아는 도착해서 공항에서 신청서를 내고 발급받아야 하며, 미얀마는 대사관을 직접 방문하거나 인터넷으로 신청 및 접수하는 E-VISA도 가능하다. 이와 같이 나라마다 비자 신청 방법이 다르기 때문에 비자가 필요하다고 표기되어 있는 나라를 방문하고자 한다면, 그 나라의 주한공관에 문의하여 방법을 정확하게 확인하여 준비하기 바란다.

여행 출발하기 전 비자를 발급받지 않아도 되는 나라와 여행지에 도착하여 공항에서 발급받아야 하는 경우도 있지만, 여행 출발 전에 미리 비자를 준비해야 하는 나라도 있다. 또한 비자 발급에 소요되는 시간이 짧은 나라도 있지만 기간이 제법 걸리는 나라도 있기 때문에 출발 전 비자 발급이 필요한 나라의 경우 최소한 출발 2주 전, 가능한 한 1개월 전에 신청 절차를 밟는 것을 추천한다.

외교부 해외안전여행 홈페이지(비자에 관한 내용)
https://www.0404.go.kr/consulate/visa.jsp

[백신여권 쿠브coov]

해외여행을 갈 때, 여권 말고도 챙겨 두면 좋을 게 또 있다. 바로 질병관리청에서 발급한 백신여권 '쿠브coov'다. 쿠브는 'Corona Overcome'의 약자로, 코로나19를 극복하자는 의미를 담고 있다.

코로나19 백신을 접종한 사람은 스마트폰으로 '쿠브' 앱을 내려받은 뒤 휴대폰 번호로 본인인증을 해야 한다. 본인인증이 끝나면 자신의 예방접종증명서가 뜨고, 이를 확인하고자 하는 주체에 앱에서 생성된 QR 코드를 제시하면 된다. 쿠브 화면 하단 좌측에 있는 '더보기'를 눌러 언어 변경을 선택한 다음, 영어로 변경을 하면 증명서가 영어로 표기된다. 구글 플레이스토어와 애플 앱스토어 모두 '쿠브' 앱을 다운받을 수 있다.

#11 환전은 어떻게 하지?

　환전은 여행 준비에서 절대 빼놓을 수 없는 중요한 과정이다. 여행 계획이 완성되면 모든 체류 비용에 대한 여행 예산을 짤 수 있을 것이다. 참고로 유럽 국가를 여행하는 경우 예산을 짤 때 하루에서 일주일 정도의 교통 티켓을 구매하게 되면 박물관, 미술관 등을 무료로 입장할 수 있으니 이 점을 고려하여 예산을 짜면 좋다.

　총 예산의 10% 정도를 예비비로 준비하는 것이 좋다. 예비비를 제외하고 추가로 소요되는 비용은 비자나 마스터 등 해외에서 통용될 수 있는 신용카드로 지급하면 된다. 비상시에 대비해 예비비는 여행이 끝나는 순간까지 사용하지 않고 가지고 있을 것을 권장한다. 또한 일반적으로 선진국을 방문할 때는 유로화 또는 엔화 등 여행지 화폐를 환전하는 것이 좋지만, 후진국을 방문할 때는 좀 번거롭긴 해도 국내에서 미국 달러로 환전한 다음 현지에 도착하여 다시 현지 화폐로 환전하는 것이 좋다. 국내에서는 환전하기가 쉽지 않기 때문이다.

　환전은 직접 은행 창구에서 환전하는 방법과 모바일뱅킹으로 환전하는 방법, 총 두 가지가 있다.

1. 은행에서 직접 환전

스마트폰에 익숙치 않은 여행객들은 아마 은행에 직접 방문해 환전하는 경우가 많을 것이다. 출발하는 날 공항에서 환전하는 게 가장 편하고 쉽겠지만, 그만큼 수수료가 높다. 그러니 은행에서 직접 환전을 할 때는 수수료가 저렴한 곳을 찾아 가면 좋을 텐데, 서울역 국민은행 환전센터의 수수료가 가장 저렴하니 이용하면 좋다. 통화별 우대율이 다르지만 달러는 우대쿠폰 없이도 환전 수수료를 90% 할인해 준다. 서울역 환전센터는 휴일에도 문을 연다는 점도 장점이다. 마이뱅크라는 사이트에서 해당 통화별로 가장 환율이 좋은 곳을 찾았다면 그곳을 찾아 가기만 하면 된다. 마이뱅크 사이트는 아래 URL과 QR코드로 제시했다.

마이뱅크
www.mibank.me

2. 모바일뱅킹으로 환전

모바일뱅킹을 활용하면 달러, 엔화, 유로 등 주요 통화에 대해서는 환전 수수료를 최대 90%까지 할인받을 수 있다. 신한은행 써니뱅크에는 사전에 지정한 환율에 도달하면 자동으로 환전되는 예약 환전 기능이 있고, 국민은행 리브의 모바일지갑, 우리은행의 외화클립 등 시중 은행마다 환율이 낮을 때 환전에 쌓아 둘 수 있는 기능을 제공하기도 한다.

해당 은행에 계좌를 갖고 있지 않아도 모바일이나 인터넷을 통해 환전을 신청하면 가상계좌를 발급해 주고 환전 금액만큼 입금한 후 영업점에서 외화를 찾을 수 있다. 또한, 공항 영업점이나 외화 자동입출금기 ATM에서도 찾을 수 있어 편리하다.

스마트폰 앱에서 환전하는 방법은 신한 쏠SOL 앱을 예시로 들어 설명하고자 한다.

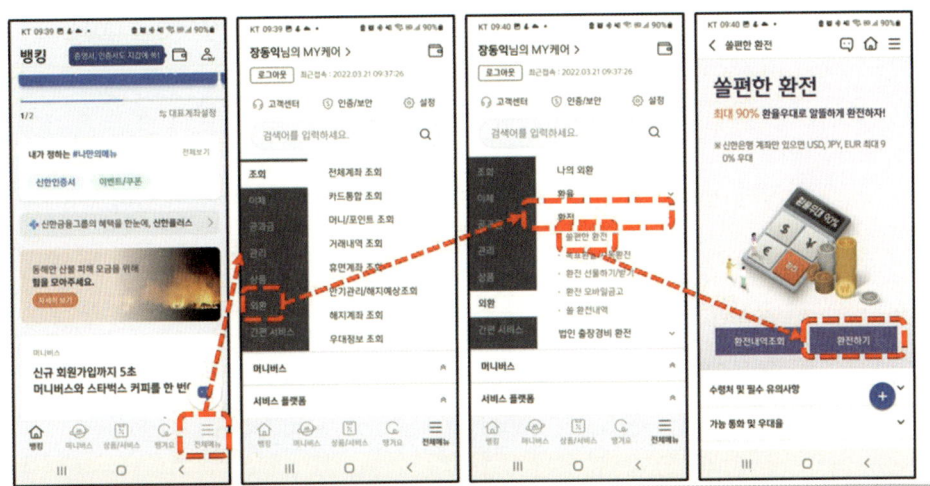

신한 쏠편한 환전 사용법

❶ 신한 쏠 앱에서 로그인한 화면 우측 하단에 있는 줄 3개(전체 메뉴)를 누른다.

❷ 새 화면 좌측에 있는 창에서 '외환'을 누른다.

❸ 새 창에서 '환전'을 누르고 '쏠편한 환전'을 누른다.

❹ 새 화면에서 '환전하기'를 누른 다음에 나타나는 화면에서 환전하고자 하는 화폐와 금액, 출금 계좌, 외화 수령 지점(인천국제공항, 김해국제공항 등), 외화 수령 창구(창구 또는 ATM), 외화 수령일, 휴대폰 번호 등을 입력해 주면 된다. 외화에서 원화로, 원화에서 외화로 환전할 수 있다.

❺ 그다음부터는 환전 정보를 입력하면 된다. 통화를 선택하고 환전 금액을 입력하면 내가 받을 수 있는 환율 우대율과 예상 원화 금액이 나온다.

❻ 다음은 수령 정보 입력. 외화 수령 지점, 외화 수령 창구, 외화 수령일을 입력한다.

❼ 자신의 계좌에서 출금할 것인지, 신한 쏠에서 제공하는 가상계좌를 사용할 것인지 정하여 실행하면 환전 신청이 끝난다. 환전 절차가 끝나면 내가 설정한 수령일에 수령 지점에서 해당 외화를 찾을 수 있다.

하지만 이렇게 편리한 모바일 환전에도 몇 가지 주의할 점이 있다.

- 입금 후에는 취소가 불가능하다.
- 해당 은행의 계좌를 가지고 있어야 최대 할인율이 적용된다.
- 환전 신청 후 공항에서 환전 금액을 수령할 때 반드시 쏠편한 환전에서 신청 등록한 수령인 본인의 신분증이나 여권을 가지고 방문해야 한다.
- 미국 달러, 일본 엔, 유럽연합 유로는 90% 우대율이 적용되지만 통화 종류에 따라 우대율이 다르며, 환율 우대는 상시적인 혜택이 아니라 기한적인 혜택이므로 날짜를 확인해 봐야 한다. 환율 우대는 직접 할인받는 대신 대한항공, 아시아나 항공의 마일리지로 적립할 수도 있다.

- 주요 통화의 경우 환전 신청 익일부터, 주요 통화가 아닌 경우 일반적으로 신청 후 5일 이후부터 경우에 따라 최대 1개월 이내에 환전 금액 수령이 가능하다.
- 1일 환전 한도는 미국 달러 기준 100~2,000달러이며 가상계좌 입금 방식의 경우 1일 100만 원 이내다.
- 수령 지점을 창구로 선택했다면 이용 시간을 확인해야 한다. 인천국제공항의 경우 연중무휴이며 오전 6시부터 오후 9시까지 이용할 수 있다.

#12 여행자 보험은 꼭 가입해야 할까?

해외 여행자 보험에 가입하는 것을 강력히 추천한다. '해외 여행자 보험'이란 신체상해 손해, 질병치료, 휴대품 손해, 배상책임 손해 등 해외 여행 중에 일어날 수 있는 다양한 위험에 대비할 수 있는 보험을 말한다.

여행자 보험에 관한 상세한 정보는 '한국여행업협회 여행정보센터 홈페이지 - 여행정보 - 금융&보험 - 여행자보험'에서 확인할 수 있으니 아래 제시된 URL과 QR코드를 이용해 확인해 보길 바란다.

또한 이 책자를 읽으며 여행자 보험에 가입하고자 하는 독자들을 위해 아래 URL과 QR코드를 추가해 놨으니 활용하길 바란다. 기본 조건을 읽어 본 다음 '상품 비교하기' 버튼을 눌러 여러 보험사의 조건을 따져 본 후 원하는 보험사를 선택하여 온라인으로 가입하면 된다.

한국여행업협회 여행자 보험 계약 시 확인 사항
http://www.tourinfo.or.kr/v2/info/insurance_02.asp

'보험다모아'를 활용하여 여행자 보험 가입
https://bit.ly/3ipHnV0

여행자 보험에 가입하고 여행을 떠났더라도 아무 일도 일어나지 않고 무탈하게 여행을 마무리하는 게 가장 좋겠지만, 혹시 모를 상황에 대비하는 것쯤은 나쁘지 않을 것 같다. 위의 방법대로 여행자 보험을 가입한 후 해외여행을 간다는 전제하에, 휴대품 도난을 예시로 보험 가입부터 보험금 환급까지의 과정을 7단계로 간단하게 보여 주도록 하겠다.

[1단계] 여행자 보험 가입하기

132쪽에 제시한 링크를 이용해 가입하면 되고, 가입 금액에 따라 50~100만 원 상당을 보상받을 수 있다. 보험료가 비쌀수록 휴대품 보상 한도는 커지고 자기 부담금은 낮아진다.

[2단계] 휴대품 도난 인지하기

여행자 보험은 오로지 도난과 파손에 대해서만 보상해 주기 때문에 휴대품이 사라졌을 때는 가장 먼저 '도난'인지 '분실'인지 따져 봐야 한다. 본인의 실수로 분실한 휴대품은 보상 대상이 아니다. 추후 보험사에 도난 사실을 서면으로 증명해야 하기 때문에 도난 당시 장소와 시간, 사유를 정확히 기억해 두는 게 좋다. 또 통화, 유가증권, 신용카드, 항공권 등은 보상 항목에서 제외되기 때문에 도난당한 휴대품이 보상을 받을 수 있는 물품인지도 체크해야 한다.

[3단계] 현지 경찰서에서 '폴리스리포트(police report, 도난신고 확인서)' 받기

이 과정을 통틀어 가장 중요한 단계라고 할 수 있다. 현지 경찰서가 이 서류를 통해 도난 사고를 대신 증명해 주는 것이다. 보험사 입장에서는 휴대품을 도난당했는지, 고의로 분실했는지 확인할 길이 없기 때문에 폴리스리포트가 없으면 아예 보험료를 청구할 수 없을지도 모른다. 폴리스리포트를 작성할 때는 육하원칙에 따라 사건 경위서를 작성하고 도난당한 물품을 최대한 자세히 기재해야 한다.

가방을 도난당한 후 '가방'이라고만 작성한다면 가방 안에 있던 스마트폰과 지갑 등은 보상받을 수 없다. 또한 휴대품 파손/도난의 경우 한 품목당 최대 금액이 제한되어 있기 때문에 카메라 같은 고가의 물건을 도난당했다면 카메라 부품을 따로따로 분리해 작성하는 게 좋다. 예컨대 '카메라'라고 적는 것보다 '카메라 바디', '카메라 렌즈' 등으로 구분해서 작성해야 받을 수 있는 보상 금액이 높아질 것이다. 마지막으로 목격자가 있다면 진술서까지 받아 놓으면 더 좋다.

[4단계] (생략 가능) 현지 대사관에서 임시 여권 발급받기

만약 여권을 함께 잃어버렸다면 현지 대사관을 방문해 임시 여권을 발급받아야 한다. 이때 사진 2매와 앞서 3단계에서 작성했던 폴리스리포트가 필요하니 꼭 챙기길 바란다. 여권 사본도 가지고 있다면 간단하게 신원 확인을 받을 수 있어 시간을 줄일 수 있으니 참고하기 바란다. 만약 주말이라 대사관이 문을 닫았다면? 24시간 연중무휴로 운영하고 있

는 영사콜센터가 있으니 연락해서 도움을 받으면 된다.

[5단계] 도난품 시세증명자료 취합하기

폴리스리포트를 통해 도난 사실을 증명받았다면 도난당한 휴대품의 재산 가치가 얼마나 되는지를 증명해야 한다. 이에 따라 보상액이 결정되기 때문에 최대한 꼼꼼히 따져 봐야 하며 구입 당시 영수증이나 카드 거래내역이 있다면 챙기고, 영수증이 없다면 현재 거래되는 중고 시세를 확인해 서류로 제출하면 된다.

[6단계] 보상 신청서 제출 및 보험사 심사

보상금을 청구할 때 공통적으로 필요한 서류는 '여권 사본', '폴리스 리포트', '피해품의 구입영수증', 통상 사본, '자사 양식의 보험청구서' 등이다. 꼼꼼히 작성한 뒤 이메일 또는 우편으로 접수하면 된다.

[7단계] 보험금 수령

관련 서류와 보상 신청서를 제출했다면 짧게는 2~3일 길게는 2~3주 안으로 처리될 것이다. 아마 꼼꼼히 작성해서 제출했다면 추가 서류 요청이 없으니 더 빨리 처리될 수 있다.

#13
항공권 온라인 사전 체크인은 어떻게 하지?

대부분의 항공사는 항공사 홈페이지나 스마트폰 앱을 활용하여 온라인으로 사전 체크인을 할 수 있도록 지원하고 있다. 일반적으로 국제선 항공권의 경우 짧게는 비행기 출발 시간 24시간 전부터 1시간 전, 길게는 48시간 전부터 1시간 전까지 가능하다. 물론 중국 샤먼항공Xiamen Airlines이나 우즈베키스탄항공Uzbekistan Airways처럼 온라인 사전 체크인을 지원하지 않는 항공사도 있으므로 항공권 구매 시 미리 확인해 두는 것이 좋다.

따라서 대체로 비행기 출발시간 23~48시간 전 이후에 잊지 말고 스마트폰으로 항공권 사전 체크인을 해두면 공항에 일찍 도착하여 체크인을 위해 긴 줄을 설 필요가 없다. 항공기 위탁 수하물이 있는 경우에는 스마트폰으로 발급받아 저장해 놓은 탑승권을 가지고 셀프 백드랍(자동 수하물 위탁 기기)이나 공항 카운터에서 짐을 부친 후 출발장으로 이동하면 된다.

항공권 온라인 사전 체크인의 장점은 다음과 같다.

짧은 대기 시간 공항에 일찍 도착하여 체크인을 위해 긴 시간 대기할 필요 없다. 온라인 체크인은 단순히 좌석 지정 말고도, 여권 정보 및 연락처, 마일리지 적립을 위한 회원번호까지 입력하는 단계가 있다.

사전 좌석 지정　　출발 수개월 전 항공권을 구매하는 시점에도 사전 좌석을 지정할 수 있지만 그때는 대체로 유료인 경우가 많다. 출발 23~48시간 전 이후에 시행할 수 있는 온라인 사전 체크인을 할 때는 사전 좌석 지정이 무료 서비스로 전환되므로 그때 지정하게 되면 공항에 도착하여 항공사 카운터에서 체크인 하는 승객들보다는 좋은 좌석을 미리 확보할 수 있다.

부가서비스 신청　　특별 기내식이나 기타 서비스를 신청할 수 있고 위탁 수하물이 초과되는 경우 미리 선불로 초과되는 무게만큼 미리 결제할 수 있는데, 항공사에서 할인 혜택을 많이 주는 편이다.

일부 공항에 따라서는 온라인 사전 체크인이 되지 않는 곳도 있다. 스마트폰 앱으로 온라인 사전 체크인하는 방법은 항공사별로 대부분 비슷하기 때문에 이 책에서는 대표적인 국적항공사 대한항공의 스마트폰 앱으로 설명하니 참고하기 바란다. 화면 그림에 나타난 것은 부산 왕복 항공권의 경우를 보여 주지만 국제선의 경우도 마찬가지다.

온라인 체크인 방법은 다음과 같다.

❶ 앱의 첫 화면 하단의 '나의 여행'을 누르면 예매 현황이 나타나고 체크인 버튼을 눌러 준다.
❷ 화면을 위로 올려 '전체 선택'을 눌러 준 다음 '다음' 버튼을 눌러 준다.
❸ 자신의 승객 정보를 위로 올려 주어 나타나는 화면에 확인을 눌러 주고, 밑에 보이는 필수 정보 동의 항목들을 선택해 준 다음 '다음' 버튼을 누른다.

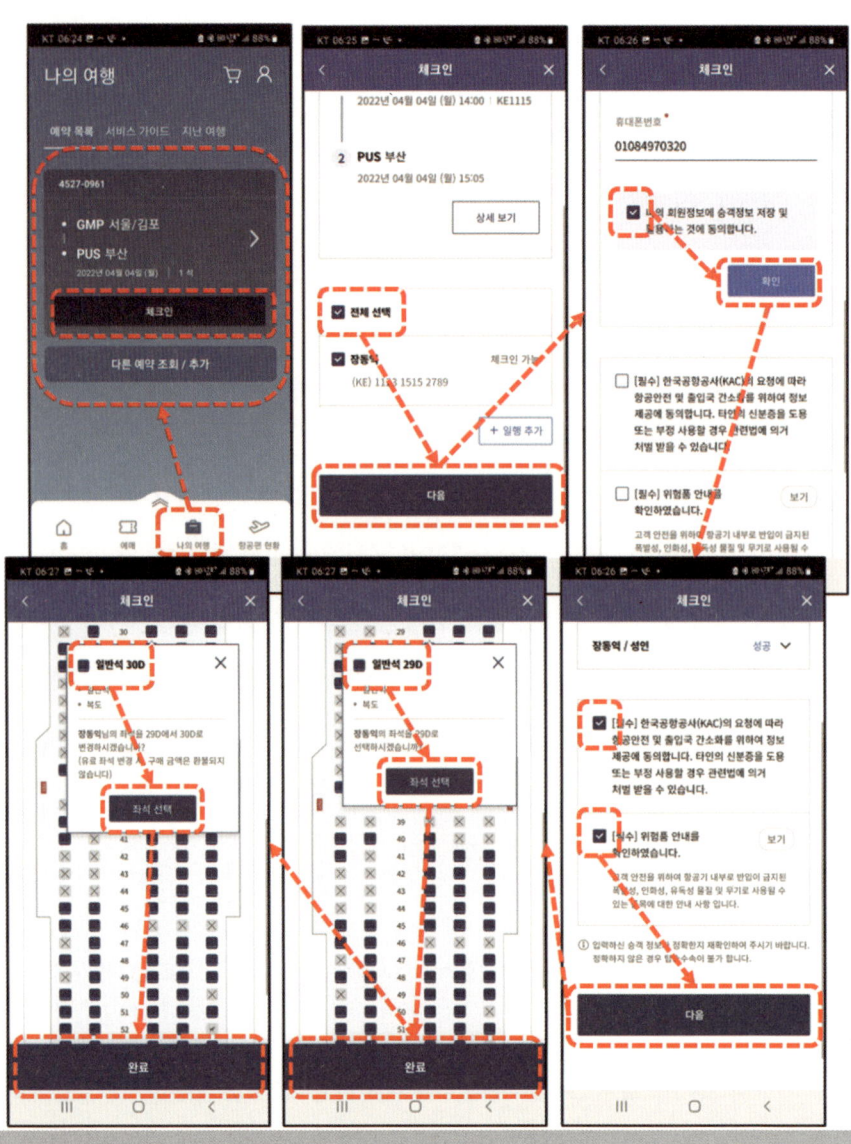

온라인 사전 체크인 하는 법 ①

❹ 좌석 선택이 나오는데 원하는 좌석을 선택한 다음 완료 버튼을 눌러 주면 된다. 138쪽 하단의 화면은 좌석을 바꾸고 싶은 경우 다시 눌러 주어 변경해 주는 과정을 보여 준다.

❺ '완료' 버튼을 눌러 주면 체크인이 완료되었다는 화면이 나타나고 그 버튼을 눌러 나타나는 화면에서 '탑승권 보기'를 누르면 내가 예약한 탑승권을 볼 수 있다. 추후에 이 탑승권을 다시 보려면, 앱의 첫 화면에서 '나의 여행'을 눌러 주고 그다음 '탑승권 보기'를 누르면 예약한 탑승권을 볼 수 있다.

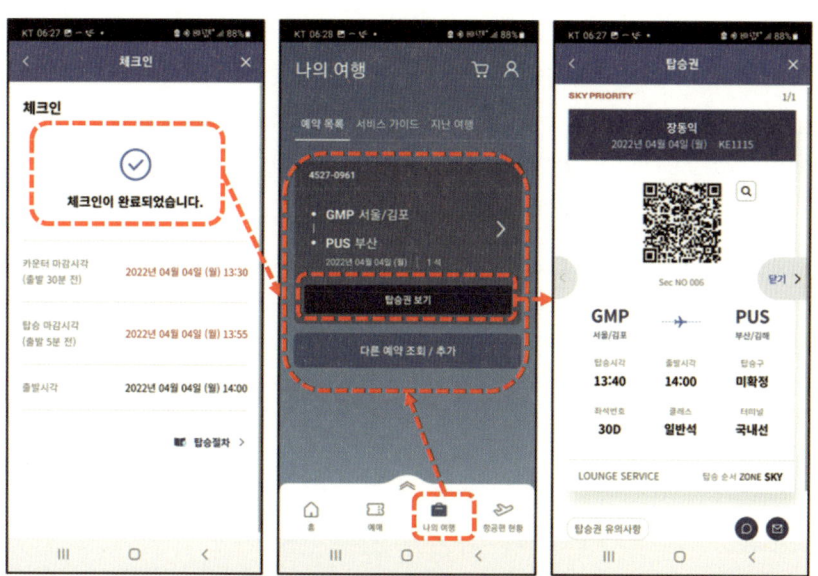

온라인 사전 체크인 하는 법 ②

면세점에서 구입할 수 있는 면세 한도는?

코로나로 인한 경기 침체로 내국인이 1인당 면세점에서 구입할 수 있는 5,000달러의 한도 금액이 2022년 3월부터 폐지되었다. 그러나 해외에서 구입하는 면세 한도 600달러는 그대로 유지되며, 600달러(75만 원) 이상 초과하는 면세품에 대해서는 20~32% 세율로 관세를 내야 한다.

면세점에서 판매하는 면세품이란 해외에서의 사용을 목적으로 수입 통관하지 않은 상태에서 판매되는 물품을 말한다. 따라서 세금이 유보된 상태에서 판매된 면세품을 국내에 재반입하는 경우 관련 세금을 납부해야 한다. 다만, 경제·사회 정책적 측면을 고려해 일정 금액 또는 일정 수량 이하의 물건에 대해서는 세금이 면제된다.

또한 면세품의 구입 한도와 면세 한도를 구분해서 이해할 필요가 있다. 면세품 구입 한도란 내국인이 출국할 때 구매할 수 있는 한도를 말하며 다음과 같다.

- 기존, 2022년 3월 이전에 출국하는 내국인의 외국 물품 구매 한도는 물품 총액 미화 5,000달러 이하이다. 외국 물품에 대해서만 구매 한도가 정해져 있으며, 내국 물품은 미화 5,000달러를 초과하여 구입할 수 있다.

그런데 입국하는 내국인에게는 다음과 같은 면세 한도가 적용된다.

- 관세의 면제 한도는 여행자 1명이 국내에 세금 없이 들여올 수 있는 휴대품의 한도로서 각 물품의 과세가격 합계 기준으로 미화 600달러 이하이다.
- 기본 면세 한도는 외국 물품 및 내국 물품을 포함해 계산하며, 선물 등 무상으로 취득한 물품, 해외에서 구입한 물품 및 국내 공항에서 출국할 때 국내면세점에서 구입 후 재반입하는 물품 전체를 포함한다.
- 기본 면세 한도 외에 다음의 술, 담배, 향수에 대해서도 관세가 면제된다.
  - 술: 1병(1L 이하이고 미화 400달러 이하인 것으로 한정)
  - 담배: 궐련 200개비, 엽궐련 50개비, 전자담배(궐련형 200개비, 니코틴용액 20ml, 기타 유형 110g), 그 밖의 담배는 250g (다만, 두 종류 이상의 담배를 반입하는 경우 한 종류에 한정해 면세됨)
  - 향수: 60ml

#14 짐 꾸릴 땐 무엇을, 어떻게 챙겨야 할까?

1) 스마트폰 앱 준비

해외 여행시 이 책에서 설명하는 여행기법을 따른다면 도움이 되는 스마트폰 앱들은 다음과 같다.

- 구글 어시스턴트 Google Assistant
- 지메일 Gmail
- 구글 지도 Google Map
- 구글 포토 Google Photo
- 구글 번역 Google Translate
- 구글 드라이브 Google Drive
- 구글 문서 Google Docs
- 구글 스프레드시트 Google Spreadsheet
- 아큐웨더 AccuWeather (날씨 정보 앱)
- 트립어드바이저 tripadvisor
- 부킹닷컴 Booking.com
- 익스피디아 Expedia
- 유튜브 YouTube

2) 날씨에 따른 의상, 신발 등 준비

　여행지에서의 복장은 정말 중요하기 때문에 출발 전 일주일 이전의 여행지 날씨를 반드시 검색하고 떠나자. 스마트폰이나 PC에서 구글이나 네이버 검색에 들어가 여행하고자 하는 도시명과 함께 '날씨', 예를 들어 '이탈리아 로마 날씨'라고 입력해 주면 연중 평균적인 날씨를 월별로 상세하게 알려 준다. 따라서 미리 확인한 날씨에 걸맞는 의상, 신발 등을 준비할 수 있다. 여행 기간이 10일 이상 정도로 길어질 경우 여행지 숙소 예약 시 세탁기가 있는 숙소를 예약하는 것을 추천한다. 숙소에 세탁기가 없다면 버릴 만한 속옷이나 양말, 겉옷 등을 챙겨 가, 입고 버리면서 짐을 줄이는 것도 하나의 방법이다. 나는 긴 여행 시 이런 방법으로 짐을 줄여서 다니곤 했다. 또 여행지 숙소 안에서나 숙소에서 가까운 지역을 나갈 때 신을 수 있는 가벼운 슬리퍼 신발을 여분으로 가져가면 편하다.

3) 상비약 및 복용약

　종합감기약, 진통제, 멀미약, 소화제, 지사제, 연고와 밴드, 모기약이나 벌레퇴치제 그리고 개인적으로 복용 중인 약을 필히 챙겨 가야 한다. 약품은 습기에 쉽게 영향을 받기 때문에 가능하면 방수, 방습이 가능한 지퍼백에 포장해 가는 게 좋다.

4) 휴대폰, 휴대폰 충전기(옵션: 보조배터리, 셀카봉, 이어폰 등)

만약 노트북까지 가지고 간다면 충전뿐 아니라 노트북과 스마트폰 간 데이터를 전송하는 기능을 함께하는 선으로 준비하기 바란다. 여행 중 사진이나 동영상을 너무 많이 찍어 스마트폰 저장 공간이 문제가 되는 경우 스마트폰 갤러리에 있는 사진이나 동영상을 노트북이나 외장하드로 이전하는 데 필요하기 때문이다.

5) 멀티 어댑터

콘센트의 모양이 다른 해외에서 여행자의 휴대폰 충전, 노트북 전원 등 각종 전자제품을 활용할 수 있도록 해준다.

6) 필요 시 노트북과 외장하드

여행 중 긴급 업무가 필요하거나 스마트폰과는 별도의 카메라를 가져가는 여행자는 가벼운 노트북과 외장하드를 가져가면 좋다(별도 카메라로 찍은 사진들은 여행지에서 매일 찍은 사진과 동영상들을 당일 저녁에 노트북이나 외장하드에 다운받아 놓는 것을 추천한다).

노트북을 지참할 때는 다음과 같은 애플리케이션이 유용하다.

- 구글 크롬 Google Chrome
- 구글 드라이브 Google Drive

7) 세면도구 및 손톱깎이

8) 맥가이버 칼, 스카치테이프, 물티슈

9) 가볍고 작은 접이식 우산 또는 우비

10) 여성의 경우 생리에 관련된 위생용품

11) 여분 마스크

12) 기타

- 여권과 비자의 복사본
- 비상금, 신용카드, 비상연락처(여행지 소재 대사관, 여행지 숙소, 비상시 한국 내 연락처)
- 여권 분실에 대비하여 여권 사진 2장
- 장기간 여행의 경우 비상식량(컵라면, 햇반, 튜브 고추장, 봉지 커피 정도는 준비하는 것이 좋다. 이 경우 나는 물 끓이는 작은 전기 포트를 가지고 다녔다)
- 별도로 구입했다면 여행지 안내 책자

이 책자의 5장의 '#17 현지 숙소에 있는 TV로 한국어 콘텐츠를 볼 수는 없을까?'에서 설명하게 될, TV에 스마트폰 화면을 미러링해 주는 '무선 MHL 동글'을 미리 준비해 가면 여행의 즐거움이 더욱 커질 수 있다. 물론 여행지 숙소에 비치된 TV가 벽에 바짝 붙어 있어 뒷면의 HDMI 단자에 동글을 끼울 수 없어 사용해 보지도 못할 수 있지만, 부피를 많이 차지하는 준비물이 아니니 챙겨서 가보는 것도 좋을 것 같다.

짐 꾸릴 때 유의해야 하는 것은 무엇인가?

공항으로 떠나기 전, 마지막으로 짐을 쌀 때 몇 가지 유의해야 할 사항을 설명한다. 아래 설명은 대한항공의 비행기 수화물 규정에 따른 것인데, 기본적인 규정은 비슷하지만 세부적인 내용은 항공사마다 조금씩 다르기 때문에 수하물 규정을 미리 확인해 볼 필요가 있다.

비행기 수화물은 위탁 수화물과 기내용 짐, 두 가지로 분류할 수 있다.

1. 위탁 수화물(캐리어 또는 배낭 포함)
- 크기: 일반석은 3면의 합 158cm까지
- 무게는 20~23kg까지가 무료(일반적으로 시중에서 판매하는 가방의 경우는 제한 크기를 초과하지 않으니 걱정할 필요는 없지만, 무게의 경우는 가능한 한 20kg이 넘지 않도록 조절하는 것이 좋음)
- 위탁 수화물 반입 금지 품목
  o 폭발성, 인화성, 반사성, 전염성 및 유독성 물질
  o 건전지와 휴대용 배터리(기내용 가방에 보관해야 함)

2. 기내용 짐
- 크기: 가로 40cm×세로 20cm×높이 55cm 이내, 세 변의 합 115cm 이내(손잡이와 바퀴 길이 포함)
- 그 외에 노트북 컴퓨터, 서류 가방, 핸드백 중 1개 추가 휴대 가능
- 총 무게: 일반석은 12kg까지, 1등석 및 프레스티지석은 18kg까지 무료, 무게를 초과하면 유료

- 기내 반입 금지 품목
  - 폭발성, 인화성, 반사성, 전염성 및 유독성 물질
  - 창이나 칼과 같은 무기로 사용될 수 있는 물품, 총기류, 무술 호신 용품, 공구류
  - 환승 시 100ml가 넘는 치약, 스킨이나 로션, 에센스
  - 160Kw를 초과하는 배터리(일반적인 보조배터리는 160Kw를 초과하지 않음)
  - 음료수의 경우 보안검색대를 통과할 때는 통제되기 때문에 미리 다 마셔 버리거나 버려야 한다. 다만 출국장 면세점에서 구입한 음료수의 경우는 반입이 허용되고 있다. 이와 같이 보안검색대를 통과한 후의 음료수 허용 규칙은 이미 미국, 캐나다, 영국 등 외국 주요 공항에서도 시행하고 있다.
- 기내로 가져가야 할 품목
  - 여권, 항공권(항공권은 스마트폰에 모바일 항공권으로 저장하는 게 가장 간편하고 좋지만, 스마트폰의 배터리가 없는 등의 만약의 사태에 대비해 한 장 뽑아 가져가는 것이 좋음)
  - 현금과 카드가 든 지갑
  - 가져 간다면 노트북(베터리가 내장되어 있어 위탁 수화물에 보관하면 안 됨)
  - 호텔 바우처, 목 베개, 카메라 등

#15
여행 당일 해야 할 일은 무엇일까?

　여행 당일 집에서 출발하기 전에 꾸려 논 짐을 모두 모아 놓은 다음 여권, 비자(필요한 경우), 스마트폰, 신용카드 및 미리 준비한 현지 화폐(또는 달러 화폐)를 다시 한번 꼭 챙겨야 한다. 만일 비행기 표를 인쇄해 놓았다면 그 역시 챙기자. 공항에는 늦어도 3시간 전에는 도착하는 것이 좋다. 대부분의 해외여행은 출발 공항이 인천공항이지만 일부 도착지의 경우 김포공항이니 출발 공항이 김포공항이 아닌지 미리 확인해야 한다. 비행기 티켓에 출발지가 GMP라고 되어 있으면 김포공항을 의미하고 ICN으로 되어 있으면 인천공항이다. 또한 인천공항도 1공항인지 2공항인지 확실하게 미리 확인해야 한다. 가끔 출발 공항을 잘못 알고 가는 바람에 비행기 탑승을 하지 못하는 경우도 있으니 주의하기 바란다.

　자가용, 공항철도, 공항버스, 택시 등을 이용해 공항에 갈 수 있다. 자가용을 선택하게 되면 인천공항의 경우 우선 신공항은 아닌지 먼저 확인해 보라. 가장 편한 방법은 공항 출국장 앞에 주차 대행 서비스가 있는데, 인천공항의 경우 주차 대행 요금이 일반인들은 2만 원, 국가유공자나 장애인의 경우는 1만 원이다.

　주차장은 승용차 전용 단기주차장과 장기주차장이 있는데 해외 여행의 경우는 출국장에서 조금 멀리 떨어져 있지만 장기주차장 사용을 권고한다. 장기주차장의 주차요금은 1일 9,000원에 추가 1시간당

1,000원이다. 요즈음은 대부분의 도시에서 공항버스가 있어 공항버스를 타는 것도 좋은 방법이다.

국제선 출국장에서는 일부 입구에 대형 전광판에 비행기 티켓에 표기되어 있는 편명Flight No.마다 출발 시간과 카운터가 어디인지 알려 준다. 그다음 카운터로 가서 자기 차례를 기다린 후 보낼 짐을 위탁 수하물로 맡기면서 체크인을 하면 되는데, 시간이 촉박하다면 카운터 근처에 있는 셀프 체크인 키오스크를 활용해도 좋겠다. 카운터 앞에서 긴 줄을 서서 기다릴 필요가 없이 셀프 체크인 키오스크로 직접 체크인을 한 후 위탁 수하물만 맡기면 되니 시간을 좀 더 단축할 수 있을 것이다. 많은 시니어가 키오스크 사용을 두려워하는데, '#13 항공권 온라인 사전 체크인은 어떻게 하지?'에서 알려 준 것처럼 사전 온라인 체크인을 했다면 이 과정은 필요 없으니 안심하라.

휴대 수하물의 경우 위탁 수하물 체크인할 때 사이즈나 무게가 규정을 초과하지 않는지 미리 확인하는 것이 좋다. 앞에서도 설명했지만 위탁 수하물의 무게가 규정을 초과하는 경우 초과 운임을 지불하거나 아니면 초과되는 양만큼 휴대 수하물 가방에 옮겨 주어야 한다. 다시 한번 강조하지만 위탁 수하물에는 절대 베터리가 있으면 안 된다. 따라서 노트북, 휴대용 배터리 등은 일체 휴대 수하물 가방으로 옮겨야 한다.

해외에서의 스마트폰 활용을 위한 준비

해외로 출국할 때 방문지에서의 스마트폰 활용을 위한 준비는 필수다. 수하물 체크인이 끝나고 나면 바로 자신이 사용하고 있는 스마트폰 통신사(KT, SKT, LG 유플러스) 카운터에 방문하여 여행지에서 사용할 모바일 데이터를 구매해야 한다. 해외에서의 스마트폰 활용을 위한 방법은 총 세 가지인데 유심, 포켓 와이파이, 로밍이다.

유심은 해외에서의 스마트폰 이력서라고 할 수 있으므로 그 지역 사람들과 전화할 일이 많은 경우 활용하면 좋다. 자신의 스마트폰에 유심을 바꿔 끼우는 방식이라 따로 무언가를 들고 다닐 필요가 없어 간편하고 가격이 상대적으로 저렴한 편이다. 하지만 사용 가능한 용량 제한이 있고, 국내 번호로 연락이 올 경우 전부 받을 수 없다는 불편함이 있다.

포켓 와이파이는 스마트폰과는 별도로 들고 다니는 와이파이이다. 용량 제한은 있지만 매일 빠른 속도로 사용 가능한 용량이 업데이트되고, 여러 명(2~3명)이 함께 여행하는 경우 공유해서 사용이 가능하다. 하지만 부피가 큰 포켓 와이파이를 항시 소지해야 하며 별도로 충전을 해야 하는 번거로움도 있다. 또한 동행자 4명 이상이 활용하는 경우 속도가 느려질 수도 있다.

데이터 로밍은 일반적으로 여행자들이 가장 많이 활용하고 있는 방법이지만 비용이 좀 부담스럽기는 하다. 최소 구매량인 3만 원 정도 하는 3GB 정도 구매해 가면 어느 나라든 대체로 1주일가량은 충분히 활용할 수 있으며, 만일 부족한 경우 현지에서 자신의 통신사에 전화하면 구매할 수 있다(별도의 전화 요금은 없다).

세 가지를 충분히 비교·검토한 후에 자신이 계획한 여행지와 여행 기간에 맞는 것을 잘 선택하길 바란다. 또한 여기에 있는 내용 외 더 자세한 내용은, 네이버나 구글 검색창에 '여행지+키워드' 형식으로 '이탈리아 유심', '이탈리아 포켓 와이파이', '이탈리아 로밍'이라고 검색하면 수많은 글이 나오니 필요하다면 추가로 확인해 보길 바란다.

출국장 출국 수속

이제 출국장에 출국 수속을 받으러 들어가게 되는데 출국 수속을 밟기 전에 휴대 수하물 및 소지품 검사를 시행한다. 이때 주머니 안의 모든 소지품을 꺼내고 전기가 통하는 쇠로 제작된 바지 밸트와 상의와 가방 안에 있는 노트북은 별도로 꺼내 놓아야 한다는 것을 잊지 말기 바란다.

비행기에 탑승하는 보딩 타임Boarding Time은 통상 출발 시간 20~40분 전이기 때문에 혹시 공항 내에서 면세점을 들르는 경우라 할지라도 늦어도 출발 시간 30분 전까지는 보딩 게이트에 도착하는 것이 좋다.

출국장 안에는 곳곳에 항공편별로 출발 시간과 보딩 타임이 적혀 있으므로 헷갈릴 위험이 있으니 잘 확인해 보기 바란다. 특히 카운터에서 발급받은 보딩 패스는 비행기에 탑승하기 전까지 절대 잃어버리지 않도록 잘 보관해야 한다.

이제 드디어 본격적인 자유여행이 시작되는 것이다.

PART 05

스마트폰을 활용한
해외자유여행

#16
여행지 공항에 도착한 후 할 일은 무엇이고
숙소는 어떻게 찾아 가지?

　여행지 공항에 도착하여 입국 수속을 마치면 통상 바로 근처에 설치된 전광판에 위탁 수하물을 찾을 수 있는 수취대 번호를 표시해 준다. 그렇게 짐을 찾고 난 뒤 가장 먼저 할 일은 무엇일까? 일정에 따라 다르겠지만 무거운 가방을 들고 돌아다니기에는 무리가 있기 때문에 미리 예약해 둔 숙소를 찾아 가는 게 좋다. 하지만 그 전에, 한 군데 들려야 할 곳이 있다. 바로 공항에 있는 관광 안내소Visitor Center이다.

　관광 안내소에는 해당 도시의 유명 관광지(경우에 따라 유명 식당과 함께)를 포함하고 있는 지도가 있고, 통상 시티패스City Pass로 불리는 교통

패스가 있다. 예를 들어 로마의 경우 2일권과 3일권이 있다. 로마의 모든 대중교통을 무료로 이용할 수 있을 뿐 아니라 자유여행 코스를 줄을 서지 않고 입장할 수 있는 박물관 입장권도 무료로 받을 수 있다. 이탈리아의 경우는 로마, 밀라노 및 베네치아에 교통패스가 있다.

프랑스 파리의 경우 까르네Carnet라는 1회권 10장 묶음도 있지만 모빌리스Mobilis는 하루 동안, 나비고Navigo는 일주일 또는 한 달 동안 메트로, RER, 버스, 녹틸리앙Noctilien(심야버스) 등 모든 교통 수단을 무제한 탑승할 수 있다. 파리 비지테Paris Visite는 1, 2, 3, 5일 동안 해당 존의 메트로 RER, 버스, 녹틸리앙, 공항 버스와 기타 모든 교통수단을 무제한 탑승할 수 있을 뿐 아니라 박물관, 미술관, 레스토랑 등에서 추가 할인 혜택을 받을 수 있다.

교통패스에 대한 자세한 내용은 구글 검색에서 방문하는 도시명과 함께 교통패스라고 입력하면 상세한 내용을 볼 수 있으니 참고하기 바란다. 예를 들어 프랑스 파리의 경우 '파리 교통패스'라고 입력하면 상세한 내용을 소개해 주는 글들이 나온다.

공항에서 숙소까지 이동하는 방법 중 가장 간단한 방법은, 당연한 말이겠지만 숙소에서 제공해 주는 리무진을 타는 것이다. 하지만 이는 숙소가 제공하는 리무진 서비스가 있을 경우에만 가능하다. 대체로 최소한 4스타 이상의 호텔에서만 리무진 서비스를 제공하기 때문에 저렴하게 여행을 다녀올 생각이라면 리무진은 포기하는 게 좋다. 하지만 그래도 혹시 모르니 숙소 예약을 할 때 리무진 서비스 유무를 확인하면 좋겠다.

통상 일본, 홍콩, 방콕, 유럽의 공항에서는 공항에서 시내로 들어가는 기차가 있어 공항에서 바로 출발하는 기차를 이용하는 것이 편리하다. 따라서 숙소 선정에 있어서도 방문지 도시의 중앙역 근처에 위치한 숙소를 선택하는 것이 편리하다. 미국, 캐나다, 호주 등지 도시의 경우도 시내로 들어가는 대중교통편이 있기 때문에 미리 확인하여 사용하기 바란다. 나는 동남아 여행의 경우는 대체로 공항에 도착하는 대로 택시를 이용하여 숙소까지 이동하거나 숙소에서 제공하는 리무진을 이용했다.

다른 대중교통이 여의치 않고 공항 도착 시간대가 맞지 않아 택시마저 없을 경우 '#20 현지어를 몰라도 맛집이나 관광지를 찾아다닐 수 있을까?'에서 설명하게 될 현지에서 통용되는 우버와 같은 공유 택시를 불러 이용하는 방법도 있으니 참고하기 바란다.

#17
현지 숙소에 있는 TV로 한국어 콘텐츠를 볼 수는 없을까?

대부분의 숙소는 무료로 와이파이를 제공해 주지만 아닌 곳도 있으니 숙소 예약 시 반드시 확인해 보아야 한다. 체크인할 때 와이파이 이름과 비밀번호를 확인해 두면 다시 묻는 번거로운 과정을 거치지 않아도 되니 미리미리 확인하자. 와이파이는 최초 접속 시에만 비밀번호를 입력하면 그다음부터는 자동으로 접속할 수 있으니 참고바란다.

해외 숙소의 TV로 한국어 콘텐츠 보기

필자는 해외여행할 때마다 '무선 MHL 동글'이라고 하는 동글Dongle을 가지고 나간다. 해외 숙소에는 아직 최신 스마트 TV를 제공하지 않는 곳이 많아 동글 없이는 바로 스마트폰 화면을 미러링하여 볼 수 없기 때문이다. 스마트폰으로 보던 영상을 TV로 볼 수 있다는 것은 여행의 즐거움을 배가시킨다. 그날 찍은 동영상이나 사진도 모두 TV에 연결해서 바로 볼 수 있다. 스마트폰에 KBS my K, KBS 뉴스, MBC, SBS, 구글 뉴스 등 앱을 다운받아 놓으면 한국의 뉴스도, 보고 싶은 드라마도 바로 볼 수 있다.

필자는 인터넷 쇼핑몰을 통해 'COMS 스마트폰 무선 MHL 동글 ST045'을 구매해서 잘 사용하고 있다. 3만 원 정도면 살 수 있다. 다만 이런 동글을 사용해서 스마트폰과 TV를 연결하면, 데이터가 큰 동영상을 미러링할 때는 해상도가 떨어지고 간혹 끊어지는 현상이 발생하기도 한다. 또 무선 동글은 스마트폰과 10m 이내의 거리에 있을 때만 작동하니 이 점도 유의해야 한다. 하지만 이러한 단점들이 있더라도 스마트폰의 작은 화면으로 보는 것과 TV의 큰 화면으로 보는 것은 확연히 다르기 때문에 충분히 해볼 만하다. 특히 시니어의 경우 온종일 스마트폰을 보느라 눈이 피로했을 테니 큰 화면으로 보고 싶을 것이다(내 경우엔 그랬다).

구형 TV의 뒷면을 보면 보통 비어 있는 HDMI 단자가 1개 이상 있을 것이다. '무선 MHL 동글'을 그 HDMI 단자에 꽂으면 스마트 TV와 같은 기능을 그대로 활용할 수 있다. 단, 동글은 자체 전력 공급을 하는 배터리가 없기 때문에 전원 공급을 위한 선을 TV 뒷면의 USB 포트나 스마트폰 충전기에 연결해 주어야 한다. 요즘 스마트폰에서는 인터넷 TV나 케이블 TV에 비교도 안 될 정도의 다양한 동영상을 서비스하고 있다. 특히 유튜브나 TED, 각종 영화를 전부 이와 같은 방법으로 TV로 시청할 수 있다.

자세한 사용법은 구매한 인터넷 쇼핑몰에 들어가 확인해 보길 바란다(구매한 사이트에 제품명을 검색하면 안드로이드폰과 아이폰에서 사용하는 방법이 상세하게 설명되어 있을 것이다).

한국인들, 특히 시니어들이 가장 많이 사용하는 안드로이드폰의 경우 활용법은 다음과 같다.

❶ TV 뒷면의 비어 있는 HDMI 단자에 무선 MHL 동글을 꽂는다. 만일 동글의 폭이 넓어 끼울 수 없다고 해도 생산자가 추가로 납품해 주는 연결 잭을 활용하면 문제없다. 전원 연결선 역시 연결해 주어야 한다.

❷ TV 리모콘에서 '외부 입력', 'Source'나 'External Input'을 선택하면 나오는 화면에서 HDMI1 또는 HDMI2를 선택해 보고 조금 기다려 아래 그림과 같이 Coms 화면이 나오는지 확인한다. 다만 TV 리모콘이 인터넷 방송용 리모콘이 아니라 TV의 원 리모콘이라야 이 기능을 수행할 수 있다. 인터넷 TV용 리모콘에는 '외부 입력', 'Source', 'External Input'이라는 기능이 없다.

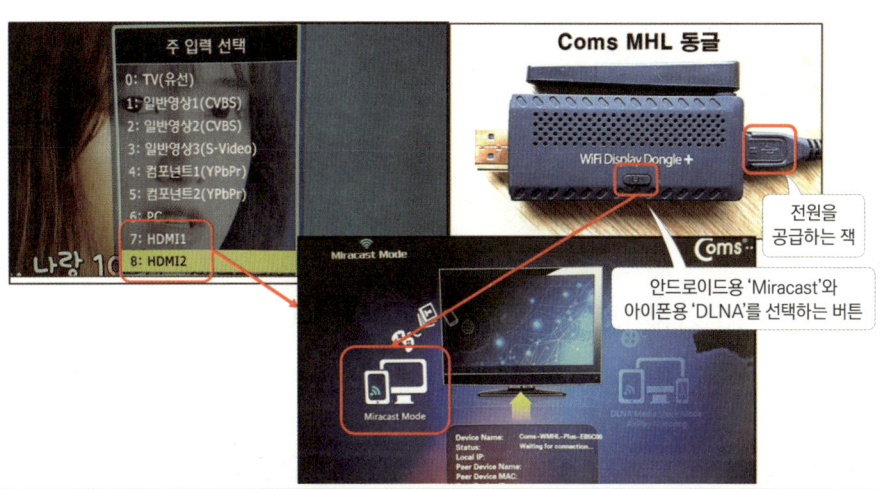

해외 숙소에 있는 TV로 한국어 콘텐츠 보기 ①

❸ 보통 Coms는 첫 화면에 아이폰용 DLNA가 나온다. 그러나 안드로이드 폰은 'Miracast'를 사용하기 때문에 동글의 앞부분에 부착되어 있는 작은 사각형 버튼을 한 번 누르면 'Miracast'로 전환된다. 참고로 또 한 번 누르면 다시 'DLNA'로 전환된다. 아이폰의 경우는 DLNA를 사용해야 하는데, 아이폰 사용법은 구매한 쇼핑몰의 제품 상세 설명을 찾아 참고하기 바란다.

❹ 손가락으로 스마트폰의 상단에서 아래로 쓸어 내리면 상태 표시가 나타나는데, 여기서 다시 손가락으로 우에서 좌로 쓸어 주면 두 번째 화면에 있는 'Smart View' 기능이 나온다. 눌러 준다. 참고로 필자는 이 기능을 자주 활용하기 때문에 스마트폰의 첫 화면으로 옮겨 놓았다.

❺ 새로 나타나는 화면에서 'Coms-WMHL-Plus-EBS'를 눌러 준 후 '지금 시작'을 눌러 주면 TV 화면에 스마트폰 화면이 미러링되어 볼 수 있게 된다.

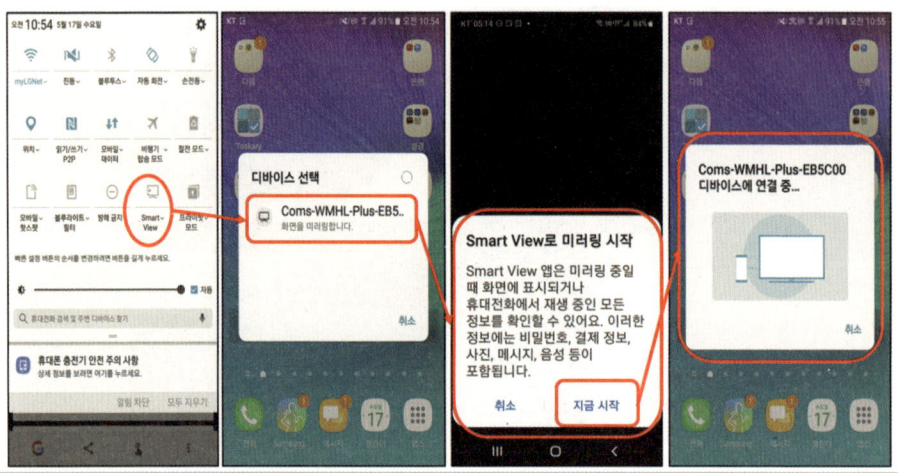

해외 숙소에 있는 TV로 한국어 콘텐츠 보기 ②

구글에서 제공하는 유튜브 앱을 들어가 상단에 위치한 검색창에 'KBS'를 입력하면 실시간 뉴스나 지난 뉴스들을 선택해서 볼 수 있도록 여러 동영상 리스트가 나온다. 예컨대 'SBS 드라마'라고 입력하면 SBS가 방영했던 드라마 리스트가 나오니 그중에서 골라 시청하면 된다.

지적재산권 문제로 인해 유튜브에서 인기 드라마 등 일부 동영상이 시청되지 않을 수도 있음을 감안하기 바란다. 내 경우 해외에서 스마트폰 앱인 KBS my K에서는 인기 드라마도 시청할 수 있었다.

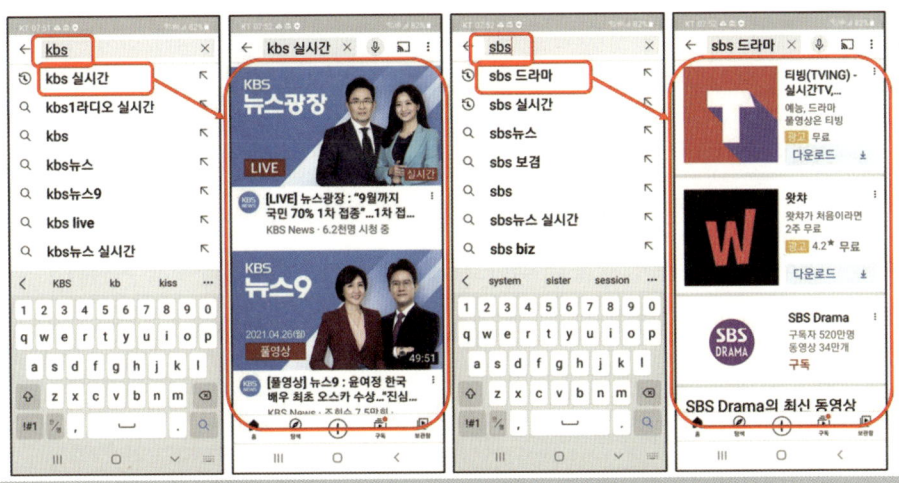

해외 숙소에서 유튜브로 한국 방송 보기

#18
동행자가 혼자 떨어져 있을 때 찾을 수 있는 방법은?

대학 때 배낭여행을 하던 중 일행들과 떨어져 고생한 적이 있다. 헝가리 부다페스트 중앙역에서 오스트리아 비엔나 서역으로 가는 새벽 열차를 탔을 때였다. 그날따라 유난히도 앞쪽 칸이 붐볐는데 다행히 한 자리가 비어 있어 내가 그 자리에 앉고 동행한 친구 몇 명은 뒤쪽으로 이동했다.

전날 밤 부다페스트 시내 클럽에 100포린트, 원화로 맥주 포함 400원 정도의 싼 가격에 입장권을 끊고 들어간 우리 일행은 밤새 신나게 춤을 추고 놀다가 새벽에 출발하는 열차에 겨우 몸을 실었다. 사고가 일어난 것은 그 다음이었다.

혹시 분실 위험이 있을까 싶어 일행들 여권과 유레일패스를 내가 다 챙겨 보관하고 있었는데 나도 뒤 칸에 탄 일행도 모두 깊은 잠에 빠져든 것이다. 그러던 중 오스트리아 국경에서 총을 든 헝가리 군인들이 열차에 올라타 여권과 유레일패스 검사를 하는 것이었다.

잠이 깬 나는 상황을 파악하고 급히 뒤 칸에 탄 일행들에게 여권과 열차티켓을 돌려주려고 갔는데 바로 뒤 칸부터 열차가 분리되어 있었다. 알고 보니 우리가 탄 열차는 앞 칸을 헝가리 국경에 떨어뜨리고 뒤 칸부터 비엔나로 떠나는 열차였던 것이다. 국경을 통과할 때는 반드시 여권이 있어야 되고, 티켓 없이 무임승차하다 걸리면 표 값의 30배를 벌금으로 물어야 했다.

　어떻게 이 상황을 헤쳐 나가야 할지 정말 눈앞이 깜깜했다. 겨우 정신을 차리고 역무원에게 뒤 칸에 탄 일행들의 여권과 열차티켓을 내가 다 보관 중이니 비엔나 서역까지 일행을 무사하게 보내 달라고 사정하여 간신히 위기를 넘겼다. 일행과 무사하게 만나기까지 불안과 초조함으로 발만 동동 굴렀던 몇 시간, 지금도 심장이 떨리고 오금이 저렸던 그때를 생각하면 진땀이 난다.

　꼭 나와 같은 사례까지 아니더라도 친구나 가족 등 누군가와 함께 여행할 때, 그중 한 사람이라도 길을 잃어 동행자와 동떨어진 위치에 남겨질 경우 매우 위험한 상황이 벌어질 수 있다. 그럴 땐 구글 지도를 활용하면 된다. 구글 지도에는 타인의 위치를 공유하는 기능이 있다. 해외여행 시 만일을 대비해 동행하는 사람과 서로 위치를 공유하는 것은 매우 유용하다.

　지금 설명할 기능은 앞서 3장의 '#6 세부 여행 계획을 동행자와 쉽게 공유할 수는 없을까?'와 이어지는 부분이 있다. 따라서 독자들이 그곳에서 설명한 구글 주소록 활용법을 터득했다는 전제하에 설명하도록 하겠다.

　구글 지도를 활용해 동행자와 위치를 공유하는 방법은 다음과 같다.

❶ 미리 로그인을 해둔 구글 지도의 홈 화면에서 우측 상단에 있는 자신의 사진이나 이름이 떠 있을 것이다. 그걸 누르면 새 창이 뜬다. 거기서 여러 항목 중 '위치 공유'를 선택한다.

❷ '실시간 위치 공유'는 직접 시간을 설정하거나(1시간씩 시간 단위로 최대 1일까지 선택 가능) '이 기능을 사용 중지할 때까지'를 선택할 수 있다. '1시간 동안'이라는 항목 우측에 작은 '+' 버튼을 누르면 원하는 시간을 선택할 수 있으니 적당한 시간

동행자와 위치 공유

을 선택하면 된다.

❸ 여기까지 했다면 위치 공유를 원하는 상대방을 선택하기만 하면 된다. 공유 시간을 지정하는 항목 바로 밑에 몇몇 사용자가 보일 것이다. 그중에 있다면 바로 선택하면 되지만 만약 공유하고 싶은 대상이 없다면 손가락을 오른쪽에서 왼쪽으로 밀어 '더보기' 항목을 눌러 공유해 주고 싶은 대상을 선택하면 된다. 공유자를 구글 주소록에 미리 등록해 놓았다면 공유가 쉬우니 미리 등록해 놓고 공유하기 바란다.

이때 '위치 공유'는 제공하는 사람의 권한이므로 동행자 모두 함께 공유하고자 할 때는 권한을 부여하는 사람이 나머지 모두를 선택하여 공유해야 한다. 여러 명과 함께 공유할 경우 공유자 입력창에 한 명씩 지속적으로 추가하여 여러 명에게 한꺼번에 공유할 수 있다.

#19 현지인들과 한국어를 사용해서 대화할 수는 없을까?

현지어를 전혀 몰라도 현지인과 대화할 수 있는 가장 대표적인 앱인 '구글 번역'에서 '대화' 기능을 활용하면 현지인과 대화할 수 있다. 물론 앞에서 이미 설명한 것처럼 구글 어시스턴트를 활용한 동시통역을 사용하는 방법도 있으나, 여기서는 구글 번역 앱을 활용하여 보다 깊은 기능들을 활용하는 법을 배워 보자.

구글 번역은 총 104가지의 언어로 번역이 가능하다. 이 세상에 존재하는 대표적인 언어는 모두 포함한다고 해도 과언이 아니다. 2016년 104개 언어 중 한국어를 포함한 영어, 프랑스어, 독일어, 스페인어, 독일어, 중국어, 일본어 등 8개 언어에 대해 최초 인공지능망 번역 기술이 적용된 이래 번역의 품질도 점차 더 빠른 속도로 개선되고 있어 주요 8개 언어의 경우 대화체 번역의 경우에는 별로 고칠 게 없을 정도다.

여행 중에는 다음 세 가지의 번역 기능을 가장 많이 활용하게 된다. 동시통역 기능, 말로 하여 번역하기STT, Speech to Text(음성을 인식하여 문자화하는 기능), 사진 찍어 번역하기ITT, Image to Text(문자를 사진 찍으면 문자화하는 기능) 기능이다.

동시통역 기능

아주 간단한 대화의 경우 구글 번역의 '대화' 기능을 활용하면 된다. 구글 번역 앱 홈 화면에서 좌측 상단에 있는 '출발' 언어에 한국어와 상단 우측에 있는 '도착' 언어에 대화 상대의 언어를 선택한 다음, '대화' 아이콘을 누르고 나타나는 화면에서 '한국어'를 선택해 한국말로 말하면 곧 도착 언어로 번역이 되어 읽어 준다. 그리고 상대 언어를 누른 다음 상

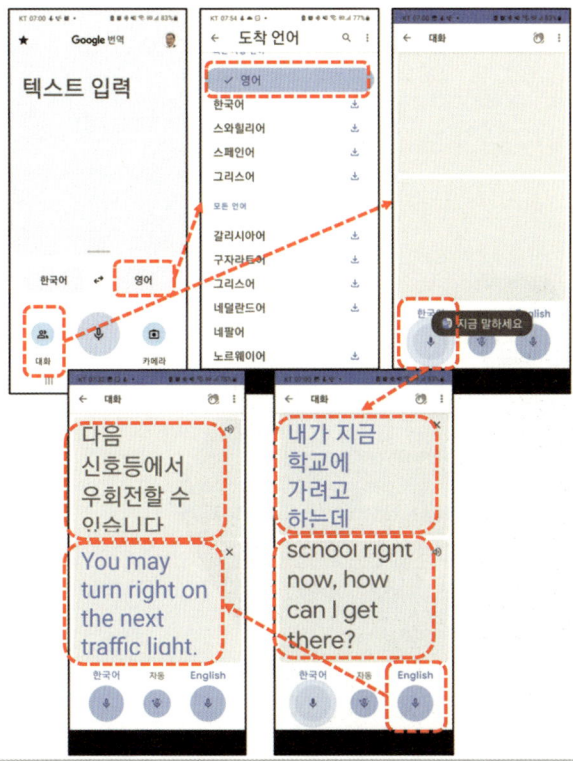

현지인과 한국어로 대화하기 ①

대가 말하면 곧 한국어로 번역되어 읽어 준다. 화면 하단 중앙에 위치한 '자동'을 선택해 활용하면 한국말로 하면 상대 언어로, 그리고 상대 언어로 말하면 한국말로 읽어 주지만 경우에 따라 잘 작동하지 않는 경우도 있어 말할 때마다 말하는 사람의 언어를 선택하여 사용하길 권장한다.

그런데 이 기능은 화자가 잠시 머뭇거리는 동안 상대 언어로 바로 번역되어 읽어 주기 때문에 긴 문장으로 대화하는 경우에는 바로 뒤에서 설명할 마이크 기능을 사용하는 방법을 채택하도록 권고한다.

말로 하여 번역하기

현지인과의 대화에서 비교적 긴 문장을 사용하는 경우에는 '대화' 기능을 활용하기보다 '마이크' 기능을 활용하는 것이 더 효과적이다. 아래 그림에서와 같이 홈 화면 우측에 있는 '마이크' 아이콘을 누른 다음 한국어로 긴 문장을 말로 하면, 그것이 문자화되면서 화면 아랫부분에 도착 언어로 즉시 번역이 된다. 말이 끝나면 도착 언어의 좌측에 표시된 작은 '스피커' 아이콘을 누르고 조금 기다리면 도착 언어로 읽어 준다.

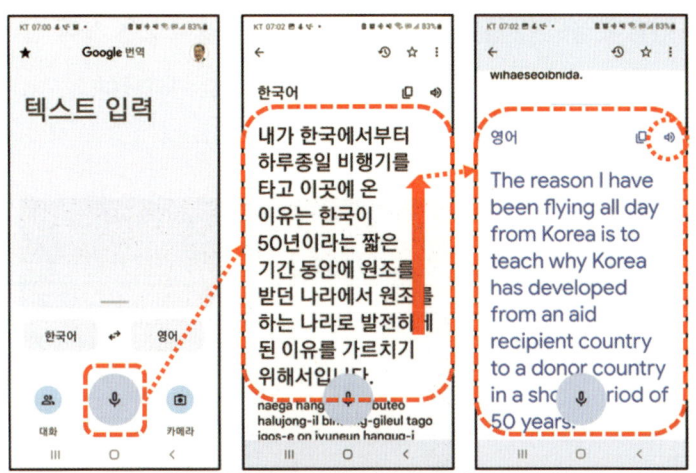

현지인과 한국어로 대화하기 ②

사진 찍어 번역하기

이미지를 문자화하는 이 기능은 몇 가지로 나누어 설명하겠다. 일단 즉석에서 사진을 찍어 번역하는 방법이다.

아래 그림은 즉석 번역하는 기법을 보여 주는데 길거리에 있는 표지판이나 식당의 메뉴판 등에 사진기를 갖다 대면 바로 번역해 준다. 구글 번역 앱의 홈 화면에서 '카메라' 아이콘을 선택하면 자동적으로 새 화면에서 하단 좌측에 '즉시 번역'이 나타나는데, 만일 '즉시 번역'이 바로 선택되어 있지 않다면 '즉시 번역'을 눌러 주면 된다. 화면 상단 좌측에 있는 출발 언어를 여행지 언어로 선택하고 우측에 있는 도착 언어를 한국어로 선택해 놓아야 한다. 아이콘을 누르고 번역 대상을 사각 안에 잘 맞추면 표지판이나 메뉴의 내용이 즉시 한국어로 나타난다.

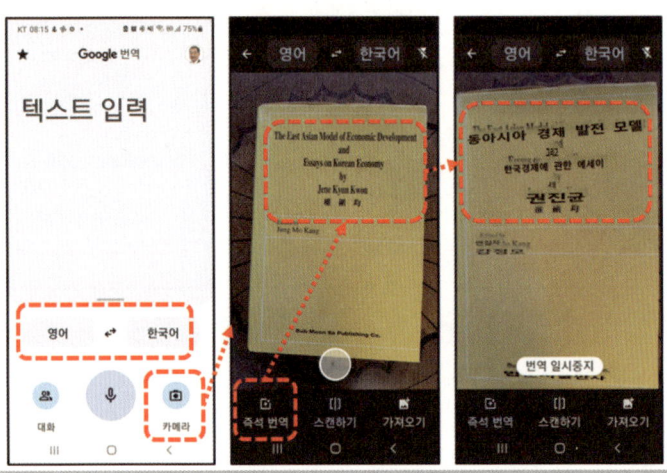

즉석에서 사진 찍어 번역

아래 그림은 같은 기능을 활용하여 조금 더 긴 문장의 서류나 글을 한글로 번역하는 방법이다. '스캔하기'를 누른 다음 사진찍기를 위한 동그라미 표시인 카메라 버튼을 누른다. 다음 나타나는 화면에 아래 그림과 같이 모든 글자가 작은 하얀 사각형 모양으로 잘 덮여 있다면 OCR(Optical Character Reading: 이미지를 문자로 인식하는 기술)이 잘 처

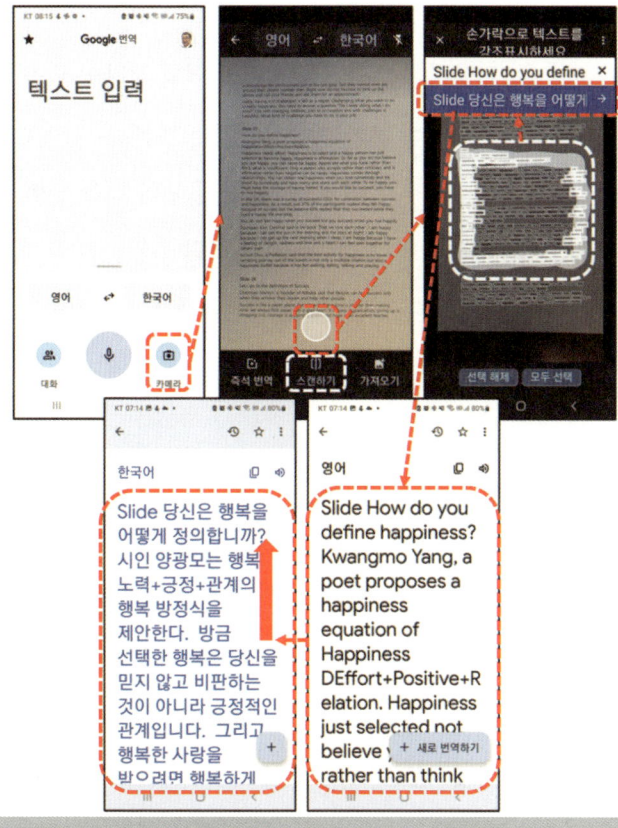

조금 더 긴 글 번역

리되었다는 것을 나타내는 것이다. 그다음 '모두 선택' 아이콘을 누르면 즉시 OCR 화면 위에 한글로 번역된 것이 뜨고, 그 부위를 누르면 한글 번역본이 뜬다.

이때 '모두 선택'을 클릭하는 대신 손가락을 이용해 번역을 원하는 부분만 사각형으로 테두리를 선택해 주면, 선택된 부분만 문자 화면 위에 번역해 준다. 그 번역된 부분을 눌러 주면 번역본이 나타나고, 스피커 아이콘을 누르면 읽어 준다.

173쪽 그림은 그 자리에서 사진을 찍어 번역할 시간이 없을 때 활용하는 방법이다. 일단 번역을 원하는 긴 문장을 스마트폰 카메라로 사진 찍어 놓아야 한다. 그리고 시간이 있을 때 구글 번역 앱을 열어 '카메라' 기능의 '가져오기' 버튼을 눌러 갤러리에 저장되어 있는 미리 찍어 놓은 문서 사진을 선택하면 된다. 그다음부터는 위에서 설명했던 '스캔하기' 기능과 동일하다.

이러한 기능들은 여행 중 길을 찾을 때 사용할 수 있다. 이탈리아 여행 중이라고 치자. 로마 중앙역에서 밀라노까지 가는 기차표를 구매하고 싶다. ① 구글 번역 앱을 열고 출발 언어 한국어, 도착 언어 이탈리아어를 선택한 다음, ② 대화 기능을 누른 후 좌측 하단에 있는 한국어를 누른 상태에서 "나는 지금 밀라노에 가는 기차표를 사고 싶습니다"라고 말하고, ③ 그걸 이탈리아어로 번역하여 그 직원에게 들려준다. 그걸 들은 직원은 아마 이탈리아어로 시간 등의 세부 정보를 물어볼 테니 직원에게 스마트폰 마이크를 대주고 한국어를 이탈리아어로 번역한 것처럼 똑같이 반대로 진행하면 비교적 수월하게 표를 살 수 있을 것이다.

또한 슈퍼마켓에서 물건을 사고 싶을 때나 길을 잃어 지나가는 현지인한테 길을 물어볼 때 등 여러 가지 상황에서 응용하여 사용할 수 있다.

이 기능을 사용할 때는 주의해야 할 점이 있다. 동시통역의 품질이

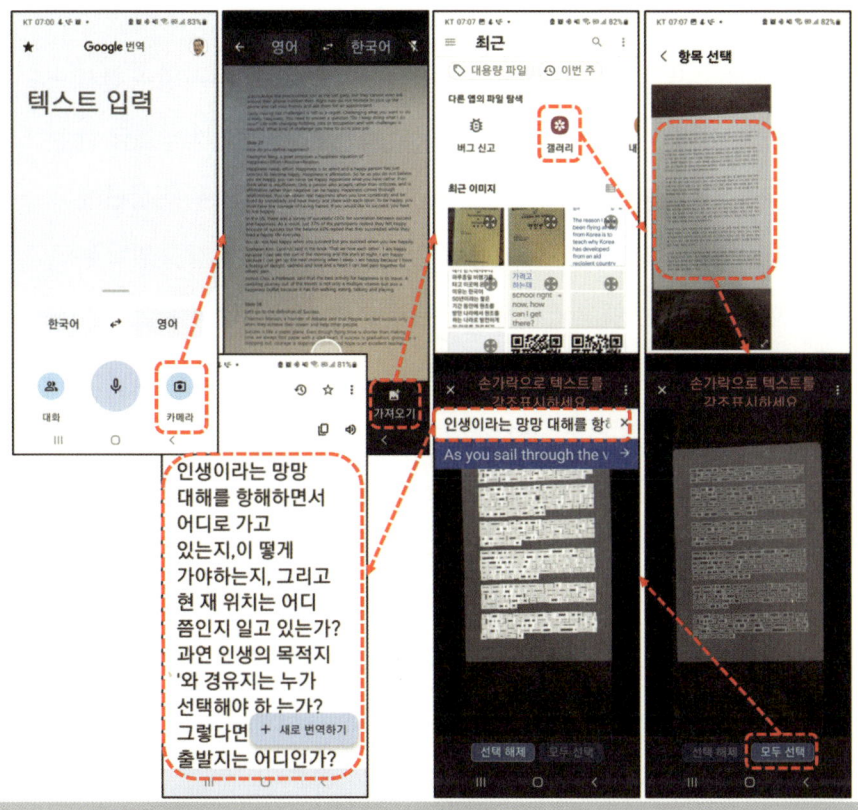

스마트폰 갤러리에 있는 사진을 가져와 번역

구글 번역의 다른 기능에 비해 약간 떨어져 자신이 물어보는 질문에 대한 답변이 엉뚱하게 번역될 수가 있다. 이런 경우 앞에서 물어본 말을 조금 다르게 바꿔서 다시 물어보면 괜찮을 수 있다. 경우에 따라 인내심이 필요하기도 하다. 그런데 잘못된 답변을 듣고 나서도 앞에서와 똑같은 내용으로 말하면 새로운 답변 역시 잘못된 똑같은 번역으로 나오게 될 것임을 명심하고 조금 더 문어체로 바꾸거나 아니면 조금 더 명확하게 말해야 함을 잊지 말라.

또 한 가지 주의할 점은, 대화(동시통역)에서는 말하는 사람이 잠시 머뭇거리는 순간 바로 상대 언어로 읽어 준다는 것이다. 따라서 조금 긴 문장의 경우에는 대화 기능을 활용하는 대신 구글 번역의 우측 상단에 위치한 마이크를 사용하는 것이 좋다. 마이크를 켜고 긴 문장을 말하는 즉시 화면 아랫부분에 번역된 내용이 나타난다. 자신의 말이 끝난 후 나오는 번역된 문장의 상단 좌측에 조그맣게 표시된 스피커 아이콘을 누르면, 잠시 후 상대 언어로 읽어 줄 것이다.

한국어를 일본어나 영어 등의 언어로 번역하는 것은 품질이 매우 좋아 대화하는 데 큰 문제가 없다. 그러나 예를 들어 우리가 잘 사용하지 않는 미얀마어와 같은 경우에는 번역의 품질이 약간 떨어지기 때문에 만약 상대방이 영어를 할 줄 안다면 영어를 활용하여 서로 대화하는 것이 보다 효과적일 수 있다. 따라서 어느 나라에 여행을 가든 그 지역 사람과 원활하게 대화하면서 자유여행을 하기 위해서는 'Can you speak English?(당신은 영어를 할 수 있습니까?)' 정도는 알고 떠나면 좋겠다.

또 한 가지, STT(말로 하여 문자화하는 기법)의 경우 음성 인식 자체가 잘못되어 번역이 잘못될 수도 있다. 그렇기 때문에 동시통역을 활용하는 경우 말을 하는 동시에 스마트폰 화면을 보면서 자신이 말하고 있는 내용이 제대로 인식되고 있는지 확인하면서 진행할 필요가 있다. 만일 음성 인식 자체가 잘 되고 있지 않다면 같은 질문을 보다 정확한 어조로 다시 말해야 대화가 제대로 이루어질 수 있다.

또한 일반 대화가 아니고 전문 용어가 들어가는 대화를 할 때도 문제가 생길 수도 있다. 2016년 초, 구글이 당초 그해 말까지 75개 언어의 번역 앱을 개발해 출시하겠다고 약속한 후 여러 나라 정부에 해당국의 모든 용어 사전을 보내 줄 것을 부탁하는 공문을 보냈다고 한다. 그런데 일본 정부는 법률 용어, 엔지니어링 용어, 건설 용어, 일반 사전 등 모든 전문 용어 사전을 구글에 보내 준 반면, 우리나라는 지적재산권 문제를 문제 삼아 하나도 보내지 않았다고 한다. 이로 인해 전문 용어가 포함된 번역의 경우 한글에 대한 타 언어 번역의 품질은 최하 수준으로 떨어진다.

그런데 다행히 영어의 경우 일단 일본어로 번역했다가 번역된 일본어를 다시 한국어로 번역하면 그 품질이 크게 올라가는데, 이는 한국과 일본은 한자 문화권이고 우리나라가 일본의 지배를 받던 기간 중 사용되던 전문 용어들의 상당 부분이 지금도 그대로 활용되고 있기 때문이다.

#20
현지어를 몰라도 맛집이나 관광지를 찾아다닐 수 있을까?

수많은 나라를 여행 다녀 봤지만, 그중 특히 이탈리아의 대부분 도시와 북유럽의 구시가지들은 미로처럼 연결되어 있어 자칫 GPS의 정확도가 떨어지면 걸어갈 때 엉뚱한 위치를 알려줘 길을 잃을 수가 있다. 그 당시 국내 내비게이션 앱들은 GPS의 정확성이 떨어져 걸어가는 경우 길을 잃는 경우들이 많았다. 그러나 구글 지도의 경우 GPS의 정확도가 1m 이내였기 때문에 가이드 없이도 충분히 방문하고 싶은 모든 곳을 둘러보고 즐길 수 있었다.

여행 중 길을 찾을 때는 구글 지도와 구글 어시스턴트를 함께 활용하면 보다 편리하게 활용할 수 있으니 이탈리아 로마를 예시로 구글 지도와 구글 어시스턴트 두 가지를 활용한 길 찾기를 설명하도록 한다.

로마에 있는 '포로 로마노'에서 '트레비 분수'를 찾아 가는 방법을 예시로 들어 설명하겠다.

❶ 구글 지도 앱을 켜고 검색창 우측에 위치한 마이크를 켠 다음 한국말로 "이탈리아 로마"라고 말하면 이탈리아 로마 지도를 찾아 준다.

❷ 화면 아래 좌측에 있는 '경로' 버튼을 누르면 나타나는 '출발지 창'에 마이크를 누른 상태에서 "포로 로마노"라고 말하면 출발지가 '포로 로마노'로 지정된다. 같은 방식

으로 도착지도 '트레비 분수'로 지정한다. 그런 다음 도착지란 밑에 보이는 여러 가지 아이콘 중 내가 원하는 이동 방법을 선택하면 된다(왼쪽부터 순서대로 자가용, 대중교통, 도보 이동, 택시, 자전거 순이다). 나는 포로 로마노부터 트레비 분수까

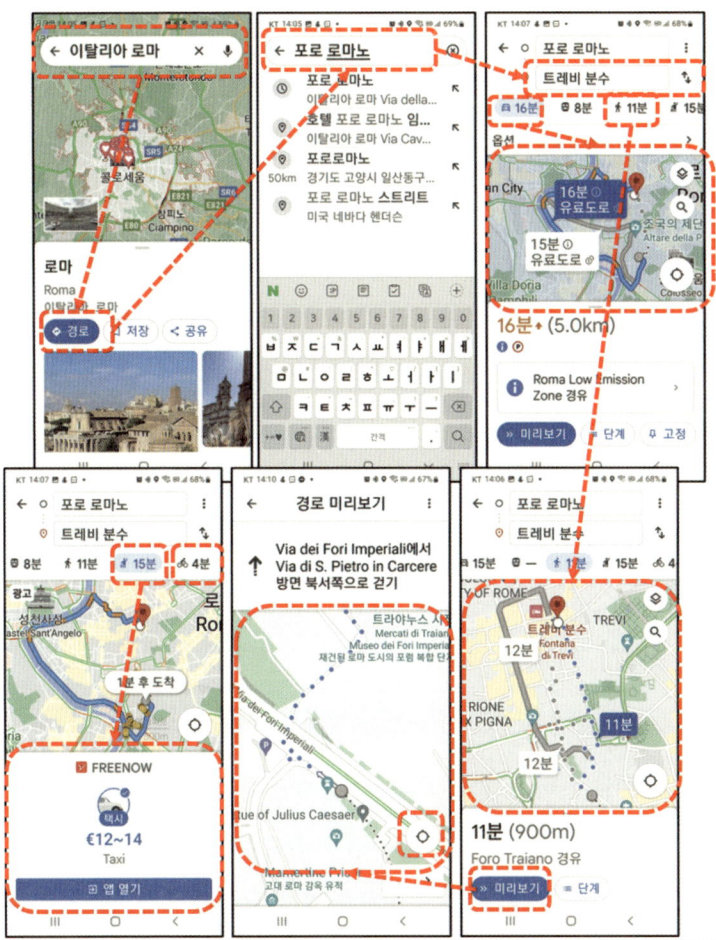

구글 지도에서 길 찾기

지 걸어서 이동할 것이기 때문에 사람 모양의 아이콘을 눌렀다.

❸ '미리보기' 버튼을 누르면 걷는 길이 상세하게 나오니 아랫부분에 있는 '현재 위치' 아이콘을 누른 후 안내해 주는 대로 따라가면 된다.

만일 렌트한 차를 운전할 경우는 중간 부분 제일 앞에 있는 '차량' 아이콘을 누르면 되고, 대중교통을 이용할 경우에는 두 번째에 있는 '대중교통' 아이콘을 누르면 버스, 트램 그리고 지하철 표시가 나타나면서 택일할 수 있도록 지원하므로 선택하면 된다. 세 번째 '걷기' 아이콘을 누르면 걸어서 목적지에 가는 경로 및 소요 시간이 나타난다.

네 번째 아이콘을 누르면 구글과 계약한 해당 지역의 공유 택시가 나타나는데, 이탈리아의 경우 종전에는 우버였지만 최근에는 프리나우의 가격이 나오니 참고하기 바란다. 이 경우는 물론 한국어로는 안 되고, 이탈리아어나 영어로 입력해야 예약할 수 있다.

최근에는 자전거 경로를 알려 주는 아이콘도 공유 택시 아이콘 우측에 새로 추가되었다.

구글 지도는 공유 택시의 경우 예전에는 동남아를 제외한 거의 모든 나라에서 주로 우버와 계약이 되어 있었지만 최근에는 유럽의 경우 프리나우, 동남아의 경우 그랩, 미국의 경우 리프트, 호주의 경우 디디를 주로 활용하고 있다. 따라서 공유 택시를 활용해야 할 때를 대비하여 여행 준비할 때 미리 구글 지도로 여행지에서 사용하는 공유 택시를 확인하고 해당 앱을 다운받아 놓을 필요가 있다. 해당 앱을 다운받아 최초 회원가입할 때 앱에서 요구하는 대로 휴대폰 인증 등의 등록 절차를 밟으면 되는데, 이때 신용카드를 미리 등록해 놓으면 실제 여행 시 편리하다.

택시를 호출할 때 차량 번호와 운전기사가 지정되기 때문에 현 위치에서 해당 택시를 찾아내거나 승차하여 목적지를 따로 말하거나 목적지에 도착해 얼마인지 확인하고 돈을 내는 등의 과정이 필요 없어 더욱 편리하게 이용할 수 있다.

참고로 세계 제1의 공유 차량 앱인 우버와 동남아에서 주로 활용할 수 있는 그랩 활용법을 별첨하니 읽어 보고 다른 공유 택시 앱 회원 등록과 활용에 준용하기 바란다.

우버 활용법
https://bit.ly/3KUaxaO

그랩 활용법
https://bit.ly/3CYE00x

이제 위에서 설명한 방법을 활용해 맛집을 한번 찾아 가보자. 구글 지도 앱 홈 화면의 검색창에 가고 싶은 지역의 맛집, 예를 들어 "트레비 분수 맛집"이라고 마이크를 켜고 말하면 알아서 그 근처 맛집들을 찾아 준다. 추천된 맛집들에 대한 수많은 사진과 가격과 평가 결과를 종합하여 비교하고 예약하고자 하는 최종 맛집을 선택한다.

그다음, 좌측 하단에 위치한 '경로' 아이콘을 눌러 그곳으로 가는 길 안내를 받아 바로 출발할 수 있다. 이때 전화로 미리 예약 가능 여부를 확인한 후 출발할 수 있으면 좋겠지만, 그렇지 않은 경우에는 미리 현재 영업 중인지 브레이크타임은 몇 시부터 몇 시까지인지 검색해 보고 가는 게 좋겠다(구글 지도 위쪽에 있는 식당이라면 아마 네이버나 구글에 수많은 관련

맛집 검색하고 찾아 가기

정보가 있을 것이다).

혹시 자신의 현 위치 근처에 위치한 슈퍼마켓을 찾고 싶다면? 현 위치에서 구글 지도 검색창에 있는 마이크 표시를 켜고 "슈퍼마켓"이라고 말로 하여 입력하면 가장 근처에 위치한 슈퍼마켓들을 찾아 준다. 그중에서 가장 가까운 슈퍼마켓을 선택한 다음 '경로' 아이콘을 누르고 걷기 경로를 선택하여 따라가면 찾아갈 수 있다.

그리고 우리는 이미 앞에서 여행 계획을 세울 때 자신이 묵게 될 숙소의 위치를 구글 지도의 '즐겨찾기' 기능으로 표시해 놨기 때문에 여행 중 어디에 있든 숙소를 쉽게 찾을 수 있을 것이다. 자신이 어디에 있든 상관 없이 숙소를 나타내는 즐겨찾기 아이콘을 누른 다음 '경로' 아이콘을 누르면, 숙소로 돌아갈 수 있는 길을 상세하게 안내해 준다. 따라서 길을 잃을 염려가 없다.

#21
현지어로 쓰여 있는 메뉴판에서
내 입맛에 맞는 음식 시키는 방법은?

여행에서 가장 기억에 남는 추억 중 하나는 맛있는 현지 음식을 먹는 것이다. 입맛에 딱 맞고 금액 대비 양도 많은 음식을 만났을 때가 가장 행복하다. 그런데 주문한 음식이 예상치 않게 양이 적거나 내 상상과 전혀 다를 경우에는 정말 너무 아쉽고 돈이 아깝다는 생각이 든다.

한번은 스위스 루체른에서 특식을 주문했던 적이 있다. 스위스는 지역에 따라서 언어가 달라지는데 루체른에서는 독일어를 사용한다. 간만에 제대로 된 스위스 현지 음식을 먹고 싶어서 카펠교Chapel Bridge 앞에 있는 근사한 레스토랑에 들어갔다.

종업원의 안내에 따라서 카펠교가 잘 보이는 좋은 자리를 잡고 메뉴판을 보니 독일어로만 쓰여 있었다. 무슨 말인지 알 수가 없어서 홀을 한 바퀴 돌면서 현지인들이 먹고 있는 음식을 멀리서 본 후, 종업원에게 그 음식을 주문한다고 했더니 아주 잘 골랐다는 듯 엄지손가락을 척 들어 보였다. 하지만 막상 음식이 나오니 우리의 기대와는 달리 한입도 먹을 수가 없었다.

음식이 변했는지 역한 냄새가 나고 재료가 오래된 것 같아 아예 먹지를 못했다. 너무 아까워서 억지로라도 먹어 보려고 했으나 도저히 먹을 수가 없어서 그대로 다 남겨 둔 채로 거금을 계산하고 나왔다. 물가 비싼 스위스에서 아끼고 아낀 돈으로 맛있는 요리를 먹어 보겠다고 특별히 주문한 특식이었는데, 전혀 예상치 못한 음식이 나온 것이다.

그때 주문한 요리는 바로 치즈 퐁뒤fondue 요리였는데, 나중에 알고 보니 재료로 사용된 그 치즈는 제대로 숙성이 된 고급 치즈였다. 우리는 숙성된 치즈의 맛을 전혀 몰랐고 향이 너무 강해 결국 한 입도 못 먹고 햄버거로 허기를 달랠 수밖에 없었다. 아마 이런 치즈가 들어가는 요리라는 것을 알 수 있었더라면, 그 요리 자체를 아예 주문하지 않았을 것이다.

한류와 코로나19의 영향으로 한식에 대한 관심이 높아졌다. 이제부터는 해외에서도 한식당이 있는 곳에서는 맛있는 한식을 먹으면서 활기찬 여행을 즐길 수 있다. 세계 어느 나라에 가든 한국 음식점을 찾을 수 있다. 구글 지도의 검색창에 예를 들어 "미얀마 양곤"이라고 말하면 미얀마 양곤을 찾아 주고, 다음 검색창에 "한국 음식점"이라고 말하면 미얀마 양곤에 있는 한국 음식점들을 다 찾아 준다.

여행 전이나 중간중간에 구글이나 네이버에 검색해 보고 현지인들이 가장 즐겨 찾는 음식들을 미리 파악해 보자. 자신이 도저히 감당하기 어려운 음식들은 피하고 현지 음식이라 하더라도 향신료라든지 너무 자극적인 음식은 가볍게 경험만 해보고 현지인들이 좋아하는, 맛있는 음식을 반드시 먹어보는 것 또한 여행의 백미이다.

나는 해외여행 시 특별한 경우를 제외하고는 한국 식당을 찾지 않고 현지인들이 가장 좋아하는 음식들을 먹어 본다. 저렴한 금액으로 현지 음식과 맛있는 과일, 전통주를 맛보면서 현지인들과 대화하면서 즐기는 여행이야말로 내가 나에게 주는 최고의 선물이라는 생각이 든다.

'#19 현지인들과 한국어를 사용해서 대화할 수는 없을까?'에서 세 번째 방법으로 이미 설명했듯이, 구글 번역에서 카메라 기능의 '즉시 번역'을 활용하면 현지 식당에서 내 입맛에 맞는 현지 음식을 주문할 수 있다. 구글 번역 화면에서 좌측 상단에 나타난 출발 언어를 현지어로, 우측 상단에 있는 도착 언어를 한국어로 선택한다. 다음 화면의 좌측에 있는 카메라 표시를 눌러 켜면 자동적으로 '즉시 번역' 기능이 켜지고, 카메라를 현지어로 되어 있는 메뉴판에 고정시켜 놓으면 현지어로 되어 있는 메뉴가 한국어로 나타난다.

메뉴판에 음식에 대한 설명까지 나와 있다면 금상첨화겠지만 나와 있지 않더라도 우리에겐 스마트폰이 있다. 네이버나 구글에 그 음식을 검색해 보면 해당 음식에 대한 정보를 얻을 수 있다. 운이 좋다면 그 식당에서 해당 음식을 먹은 사람의 후기까지 볼 수 있을 것이다. 이제 뭘 시켜야할지 정했으면 그 다음은 쉽다. 현지어는 못 해도 바디랭귀지body language는 가능하지 않은가? 종업원을 불러 해당 메뉴를 손가락으로 가리키기만 하면 된다. 이 기법은 현지어를 전혀 모르는 국가에서 길을 찾아갈 때 길거리의 표지판을 이해하는 데에도 유용하게 활용할 수 있다.

#22
여행 중 기억하고 싶은 순간을 그 즉시 기록할 수 없을까?

'적자생존適者生存'이라는 말을 아는가? '환경에 가장 잘 적응하는 생물이나 집단이 살아남는다'는 의미를 가진 말인데, 요즘에는 우스갯소리로 '적는 자가 살아남는다'라는 뜻으로도 쓰인다고 한다. 그만큼 기록은 너무나도 중요하다.

여행을 하는 사람들은 여행지에서 사진과 동영상을 엄청나게 많이 찍는다. 그렇지만 여행을 끝내고 나서 그 사진과 동영상을 다시 보는 경우는 매우 드물다. 3~5년 정도 지나면 도대체 그 사진을 어디서 찍은 것인지, 여행지 어떤 곳에서 어떤 재미있는 일들이 있었는지 기억이 가물가물해진다. 요즘은 많은 사람이 여행지에서의 사진, 동영상과 관련 내용들을 블로그에 올리거나 동영상으로 제작하여 유튜브에 올린다. 심지어는 책으로 남기고 싶어 하는 사람들도 제법 많다. 실제 여행지에서 있었던 주요 장면이나 이벤트들을 그때그때마다 기록해 놓고, 필요할 때 언제, 어디에서든 관련 기록을 즉시 찾을 수 있다면 얼마나 좋을까?

예전에는 지금처럼 스마트폰이 활성화되어 있지 않았기 때문에 생각날 때마다 기록해 놓을 방법이 마땅치 않았다. 어쩔 수 없이 여행이 끝난 후에 그 당시에 느꼈던 감정이나 생각을 정리하려고 책상 앞에 앉으면, 그때는 이미 기억이 가물가물하다. 그런 것들이 자기 머리를 치는 순간 즉시 옮겨 놓지 않으면 대체로 잊어버리기 때문이다. 또한 수많은 기록을 정리해 놓아도 어떤 특정 내용을 검색하려면 시간이 오래 걸려 결국 찾지 못하는 경우가 많았다. 그러나 이제는 사진이나 동영상을 찍을 때, 기억하고 싶은 중요한 사건이 생겼을 때 즉시 스마트폰에 대고 말하기만 하면 기록이 되고 그렇게 기록한 수많은 문서 중에서도 내가 원하는 키워드를 즉시 찾을 수 있다. 내가 원하는 키워드를 검색창에 말로 하면 문서의 제목뿐 아니라 저장된 모든 문서의 내용에서 그 키워드를 찾아 준다.

1. 언제 어디서나 말이나 문자로 입력하는 즉시 클라우드에 저장: 말로 해서 문서 작성하는 기법 활용

이제는 스마트폰만 있어도 언제 어디서나 일할 수 있는 시대이다. 스마트폰이 PC나 노트북보다 똘똘해져 말로 하면 문자가 되고, 이 세상 어디에서든 말로 하면 문서를 만들 수 있다. 이게 바로 음성을 문자화하는 기술STT, Speech to Text이다. 여행 중 관광지를 걸어가거나 산행을 하고 있거나 지하철이나 버스를 타고 있거나 해변에 있거나 동행자들과 함께 식사를 하고 있거나 TV 프로그램을 시청하거나 특히 주요 사진이나 동영상을 찍을 때 기록이 필요하다고 생각하는 부분을 발견하거나 생각날 때가 있다.

그때 즉시 스마트폰에서 구글 드라이브의 새 문서를 열고 그 아이디어를 말로 입력하여 적절한 제목을 정해 준 다음 저장해 놓으면 된다. 나이 든 사람들은 특히 독수리 타법이 능치 않아 평상시 불가능에 가까웠던 일들이 이젠 너무나도 쉽게 활용할 수 있게 되었다.

아주 시끄러운 장소만 아니면 말로 하여 문자화한 글은 품질이 꽤나 괜찮다. 만약 시끄러운 장소에서 입력할 수밖에 없는 상황이라면, 어쩔 수 없이 오탈자가 생기기 마련이다. 그럴 땐 조금 불편하더라도 그 부분만 조금 수정하면 되는데, 그리 어렵지 않다. 여기서의 중요한 건, 약간의 오탈자가 아니라 기억하고 싶은 순간을 마주했거나 엄청난 아이디어가 떠올랐을 때 그 즉시 기록해 둘 수 있다는 점이다. 순간의 기억을 하나도 놓치지 않을 수 있다.

말로 입력을 위해서는 자판의 마이크를 사용해야 한다.

음성을 문자화하기 위해 가장 먼저 해야 할 일이 자판에 있는 마이크를 누르는 것이다. 최근에 나오는 스마트폰들은 이미 자판에 마이크가 나타나 있지만, 2019년 이전에 출시된 스마트폰의 경우 자판에 별도로 마이크를 설치해야 하는 경우도 있다. 50대 이상의 시니어들은 보통 스마트폰을 자주 교체하지 않기 때문에 마이크가 설치되어 있지 않은 스마트폰을 사용하는 분들도 많을 것이다.

오른쪽 그림은 자판에 마이크가 없는 옛 스마트폰의 카톡에서 자판에 마이크를 설정하는 방법을 보여 준다. 스마트폰마다 조금씩 다르지만 일반적으로 설정 표시나 그와 유사한 모양의 버튼을 2~3초 지그시 누르고 있으면 새 창이 나타나고, 그 새 창에 있는 마이크를 선택하면 그때부터 마이크를 사용할 수 있게 된다. 문자판에서 '마이크' 아이콘을 누르면 나오는 새로운 화면에서 스마트폰에 원하는 메시지를 말로 하면 그것이 문자화된다. 만약 음성으로 작성한 글에 오타가 있다면 그 부분만 살짝 수정하면 되는데, 사실 약간의 오타 정도는 나중에 이해하는 데 큰 문제가 되지 않기 때문에 일단 그대로 두어도 괜찮다.

문자판에 마이크가 추가되는 순간부터 사용자는 스마트폰에서 음성으로 입력을 할 수 있게 되는 것이다. 음성 문자화 기능을 사용하는 순간 여러분들에게 새 세상이 열린다. 처음 음성 녹음을 시도하는 사람은 숙달되지 않아 틀리는 경우가 있을 수 있다. 그러니 평소에 정확한 발음으로 말하는 습관을 들이는 것이 좋다. 그리고 사용하다 보면 스스로 어

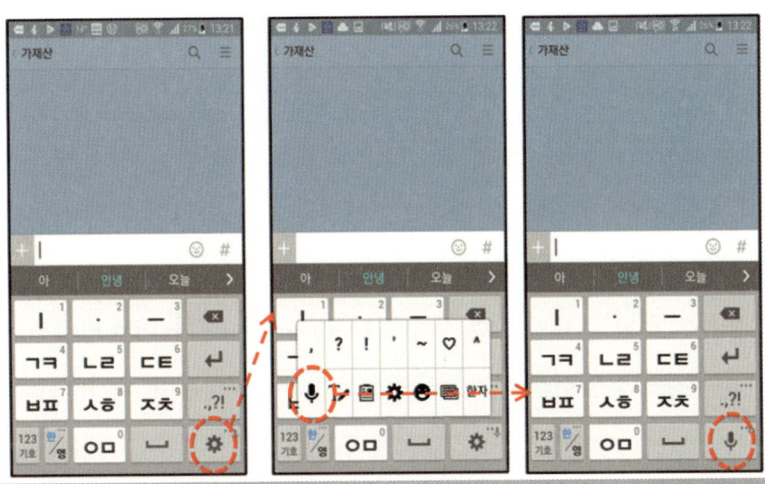

음성 문자화를 위해 자판에 마이크를 설치하는 법

떤 단어나 문구가 음성 인식에서 잘 적용되지 않는지를 알게 될 것이고, 그러면 점차 헛수고를 하는 시간을 줄이게 될 것이다.

구글 드라이브에서 구글 문서 활용

실제 여행 중 필요한 내용들을 문서 형태로 작성해야 할 경우에는 구글 문서를 사용한다.

오른쪽 그림은 새 구글 문서에서 음성으로 글을 작성하는 방법을 보여 주는 사례로, 내가 집필한 책 중 일부를 직접 읽어서 작성한 구글 문서이다. 그림에서 볼 수 있듯 음성으로 작성하면 마침표나 물음표, 쉼표 등의 문장 부호는 들어가지 않는다. 또 영어로 말해도 그와 비슷한 발음의 한글로 표기된다. 이 두 가지만 미리 알고 있다면 이후 수정할 때 어렵지 않게 수정하여 문서의 질을 높일 수 있을 것이다. 실제로 오른쪽 그림을 보면 문장 부호와 영어의 한글화를 제외하고는 수정할 부분이 한 군데밖에 없는 것을 알 수 있다.

또 기존에 작성된 문서에 추가해야 할 내용이 있다면 그때도 말로써 추가하면 된다. 내용을 추가하고자 하는 위치에 2초가량 손가락을 댄 뒤 떼면 그 자리에 커서가 위치하게 되는데, 그때 마이크를 켜고 추가할 내용을 말하면 그 내용 또한 자동 문자화되어 추가된다. 이런 방법으로 수집한 자료의 앞부분에 자료의 중요성을 추가한다든지, 내가 작성한 문서의 특이사항 같은 것을 간단하게 추가해 놓으면 추후 그 자료를 다시 검색하는 데 도움이 된다.

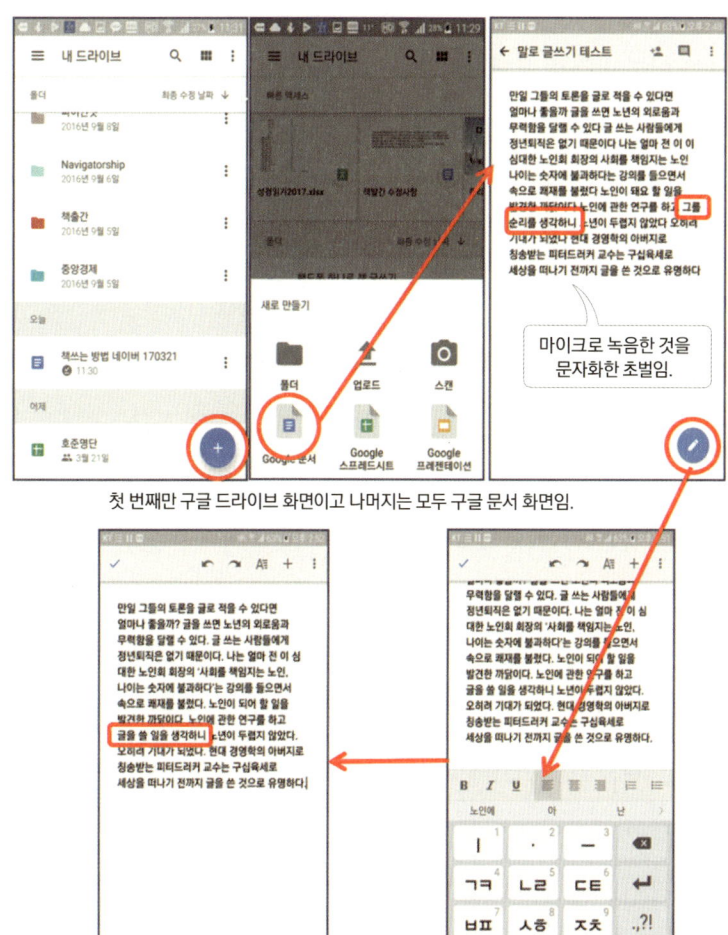

구글 드라이브에서 말로 문서 작성하는 법

또한 구글 문서는 새 글을 최초로 작성할 때에만 문서의 제목을 정해 주면 그 이후에는 자동 저장이 되는 기능이 있다. 여행 중에는 새 문서 하나를 미리 만들어 두고 걸어 다닐 때나 인상 깊은 관광지를 봤을 때 내가 지금 드는 생각과 느낌을 그 즉시 해당 문서를 열어 말로 내용을 추가하기만 하면 되니 매우 편리한 기능이 아닐 수 없다.

2. 구글 드라이브에서 원하는 자료를 즉시 검색하는 법

독자들 중에 '아무리 많은 자료를 저장해 놓으면 무엇하나?'라고 의문을 제기하는 사람도 있을 것이다. 대부분의 독자는 그동안 PC의 탐색기에서 필요한 자료가 어디 있는지를 몰라 장시간 찾다가 결국 못 찾은 경험을 수도 없이 했었기 때문이다. 그러나 구글 드라이브는 아무리 많은 자료가 저장되어 있어도 상관없다. 필요한 키워드를 검색창에 말로 입력하는 즉시 드라이브에 저장된 문서 전체를 훑어, 내가 필요한 키워드를 포함한 제목이나 내용이 들어가 있는 문서들을 모조리 찾아 준다. 구글 드라이브의 놀라운 검색 기능은 다음과 같다.

❶ 오른쪽 그림은 수백만 쪽의 자료를 저장하고 있는 내 구글 드라이브 저장 공간이다. 검색창에 이태리 로마의 관광지인 '판테온'이라는 키워드를 말로 입력하자 즉시 문서의 제목이나 수백만 쪽의 내용을 모두 훑어 '판테온'이라는 키워드를 포함

하고 있는 문서 목록을 보여 주고 있다.

❷ 그중에서 원하는 파일을 누른 후, 새 창 우측 상단에 있는 점 3개를 눌러 나오는 새 창에서 '찾기 및 바꾸기' 항목을 눌러 준다.

❸ 새 창 상단의 검색란에 '판테온'이라고 입력한 다음 돋보기 모양의 검색 버튼을 눌러 주면, 그 문서 속에 포함된 '판테온' 키워드들을 찾아 준다.

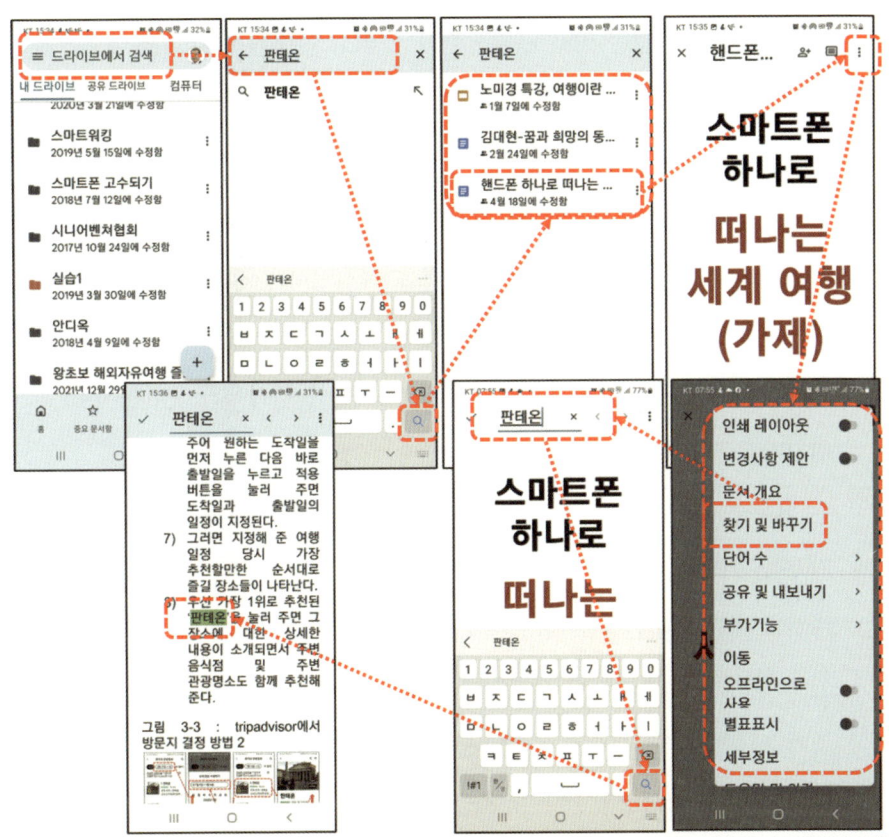

구글 드라이브 자료 검색하는 법

#23 여행지에서 찍은 사진과 동영상은 어떻게 처리하는 게 좋을까?

여행을 가게 되면 엄청나게 많은 양의 사진과 동영상을 찍게 된다. 경우에 따라서는 스마트폰의 저장 공간이 부족하여 더 이상 사진이나 동영상을 찍을 수 없는 경우도 발생한다. 그리고 여행을 마치고 돌아오면 실제 그 수많은 사진이나 동영상 중 원하는 것을 찾기도 어려울 뿐 아니라 다시 찾아 들어가지도 않는다.

앞으로 설명하게 되겠지만 사진이나 동영상을 처리해 주는 앱들은 매우 영리하다. 여행지에서 스마트폰으로 사진이나 동영상을 찍을 때 스마트폰의 '위치' 기능을 활성화한 상태에서 찍게 되면 어느 도시에서 몇 월 며칠에 찍은 것인지까지 저장해 준다. 그러니 여행지에 도착하는 즉시 위치가 켜져 있는지 꼭 확인해 봐야 한다.

요즘은 스마트폰의 사진 및 동영상 찍은 화질이 너무 좋아 사진 작가가 아닌 이상 전문 카메라를 가지고 다니는 여행자는 별로 없다. 방송사에서도 대당 수천만 원 이상이나 지불한 값비싼 구형 촬영 장비 대신 최신 스마트폰을 사용하여 사진이나 동영상을 찍고 있다. 하지만 사진에 조예가 깊어 별도의 전문 카메라를 사용하는 사람이라면, 여기서 설명할 내용이 매우 필요할 것이다. 최근에 개발된 카메라의 경우 대부분 사진이나 동영상이 저장됨과 동시에 날짜와 위치까지 자동 저장되는 기능이 탑재되어 있지만, 구형 카메라라면 날짜와 위치가 자동으로 저장되는 기능이 없을 수도 있다. 그 경우 그날 찍은 사진을 모두 자신이 가지고 간 노트북이나 외장하드에 다운받아 놓으면, 노트북이나 외장하드에 다운받은 날짜와 위치가 자동으로 저장된다. 추후 구글 포토에 저장해 놓으면 지역별, 날짜별로 자동으로 모아 주는 기능을 활용할 수 있게 된다. 구글 포토의 활용법에 대해서는 바로 다음 6장 #24에서 설명할 것이다.

구글 포토를 사용하면 여행지에서 찍은 사진과 동영상이 전부 클라우드 공간인 구글 포토앱에 저장되므로 언제 어디에서든지 볼 수 있다. 더 이상 스마트폰 저장 공간을 차지하고 있는 갤러리에 있을 이유가 없는 것이다. 그냥 지워 버려도 되지만 원본 사진을 보관하기 위해 스마트폰 갤러리에 있는 사진과 동영상들을 모두 노트북이나 외장하드에 옮겨 놓는 방법을 배워 보자.

❶ USB 케이블을 이용해 스마트폰을 PC에 연결한다. 그러면 PC 탐색기에 스마트폰의 이름이 보일 것이다. 그 이름을 두 번 클릭하면 스마트폰에 저장되어 있는 각종 폴더가 나타난다. 이때 스마트폰 전원은 꼭 켜두어야 한다.

❷ 각종 폴더 중에서 'DCIM'이 스마트폰의 갤러리에 저장된 사진과 동영상들을 담고 있는 폴더이다. 'DCIM' 폴더를 두 번 클릭하면 'Camera'라는 폴더가 나오고, 그 폴더를 다시 두 번 클릭하면 저장되어 있는 모든 사진과 동영상이 보일 것이다.

❸ 옮기고자 하는 사진과 동영상을 모두 선택한 다음, 마우스 우측을 클릭하여 잘라내기 클릭 그리고 PC나 외장하드의 폴더에 붙여넣기 하면 끝이다.

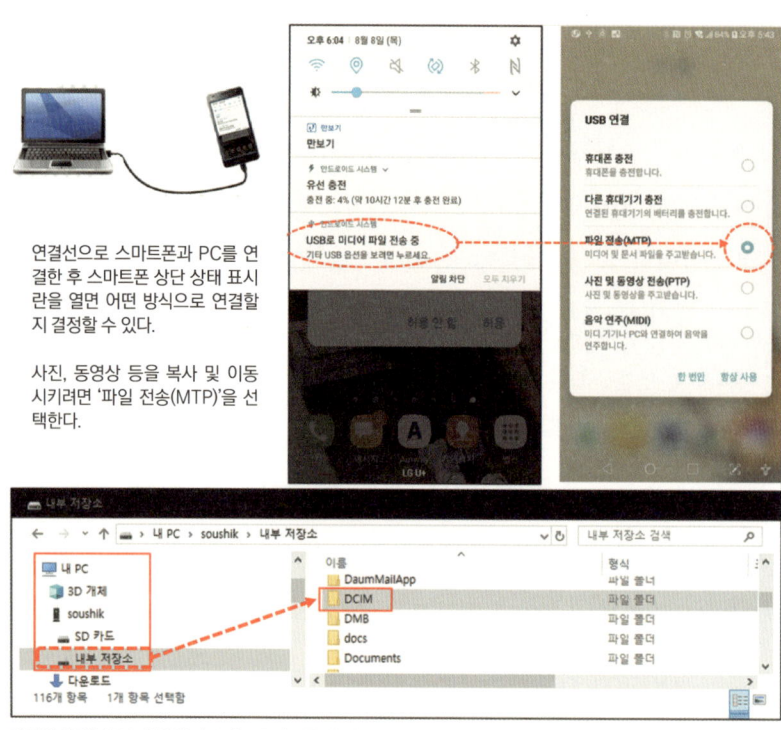

연결선으로 스마트폰과 PC를 연결한 후 스마트폰 상단 상태 표시란을 열면 어떤 방식으로 연결할지 결정할 수 있다.

사진, 동영상 등을 복사 및 이동시키려면 '파일 전송(MTP)'을 선택한다.

연결이 되면 내 PC 하부에서 스마트폰의 이름과 내부 저장소가 보일 것이다.

스마트폰 갤러리에서 PC로 원본 사진과 동영상 이동하는 법

　　위에서 설명한 방법대로 스마트폰 갤러리의 사진과 동영상을 삭제하고 PC나 외장하드로 옮겨 놓았다면 스마트폰의 저장 공간이 제대로 확보되었겠지만, 만약 '잘라내기-붙여넣기'가 아닌 '복사하기-붙여넣기'의 과정을 거쳐 사진이 지워지지 않았다면 저장 공간이 확보되지 않았을 것이다(잘라내기와 복사하기는 혼동하기 쉽다).

스마트폰 갤러리 비우는 법

그렇다면 위의 그림과 같은 방법을 써보자. 구글 포토에 저장된 사진과 동일한 사진이 스마트폰 갤러리에 남아 있다면 동일한 사진을 삭제해주어 여유 공간을 확보할 수 있다.

PART 06

스마트폰을 활용한 여행기록 남기기

#24
사진과 동영상을 전부 PC나 외장하드로 옮긴 후
스마트폰에서 보려면 어떻게 해야 할까?

　해외 여행을 마치고 돌아온 후 가장 먼저 접하는 문제는 아마 여행 중에 찍은 수많은 사진이나 동영상 때문에 스마트폰의 저장 공간이 다 차버리는 일일 것이다. 스마트폰의 저장 공간을 차지하는 주범이 바로 갤러리에 저장되어 있는 사진 및 동영상이기 때문이다. 저장 공간이 꽉 차면 당장 필요한 앱 하나조차 다운로드할 수 없기 때문에 일상생활에서 매우 불편하다. #23에서 설명한 것처럼 PC나 외장하드에 옮겨 놓는 방법으로 스마트폰의 저장 공간 문제는 해결할 수 있지만, 언제 어디서든 쉽게 사진이나 동영상을 들여다보고 싶어 그렇게 많이 찍었던 것 아니던가? 그런데 사진을 지우고 PC로 옮김으로써 쉽고 간편하게 스마트폰으로 볼 수 없다면 이 방법이 아주 적합한 방법이라고는 할 수 없을 것이다.

구글 포토는 갤러리에 사진이나 동영상이 저장되는 즉시 동기화시켜 주기 때문에 이를 활용한다면 스마트폰 갤러리에 사진이나 동영상을 저장해 놓을 필요가 없다. 구글이 사용자 1인당 무료로 제공해 주는 15GB의 클라우드 저장 공간을 좀 절약하기 위해서는, 구글 포토 설정에서 우선 화질을 '원본 화질'에서 '고화질'로 변경시켜 놓은 것이 좋다.

스마트폰 저장 공간의 문제만이 아니라 스마트폰 갤러리의 기능보다 뛰어난 기능들로 독자들을 즐겁게 해주게 될 구글 포토의 기능에 대한 상세한 설명은, 아래와 같이 URL과 QR코드로 별첨하니 참고하기 바란다.

이제 여러분은 스마트폰 갤러리에 있는 모든 사진이나 동영상을 PC나 외장하드로 이동시킴으로써 스마트폰 저장 공간이 부족해서 불편한 상황을 피할 수 있는 동시에, 구글 포토를 활용하여 언제 어디에서나 원하는 사진이나 동영상을 볼 수 있는 기능까지 익힌 것이다.

구글 포토 사용법
https://blog.naver.com/changdongik/222501109725

#25
여행 중 찍은 사진과 동영상은 많은데 잘 꺼내 보지 않을 때, 즐거운 추억을 회상할 수 있는 좋은 방법이 있을까?

[사진으로 동영상 자서전 만들기]

여행 중 찍은 수백 장의 사진을 보관하고 있다면 다시 그 사진을 찾아 보는 일은 거의 없지만, 그 수백 장의 사진 중 주요 사진 20~40여 장으로 동영상을 제작한다면 어떨까? 사진마다 주요 내용을 자막으로 집어넣고 좋아하는 음악을 삽입하여 3~5분 정도 길이의 동영상을 만들어 놓으면, 생각날 때마다 가족이나 친지들과 함께 그 동영상을 대형 TV에 미러링하여 보면서 즐거움과 행복감을 나눌 수 있을 것이다.

사진을 연결하여 동영상을 만드는 스마트폰 무료 앱 중에서 가장 많이 사용하는 앱은 블로VLLO, 비타VITA인데, 이 책자에서는 블로를 이용하여 편집하는 법을 설명하고자 한다. 블로는 수많은 기능을 가지고 있지만 여기에서는 간단한 편집만을 다루니 대표적인 네 가지 기능만을 소개한다. 이 네 가지의 기본 기능을 익히고 나면 나머지 기능들은 독자들이 혼자 실습해도 해낼 수 있으리라 믿는다.

블로에서 기본적으로 가장 많이 사용하는 네 가지 기능은 ❶ 화면 자르기 ❷ 글자(자막) 넣기 ❸ 음악 넣기 ❹ 그림 또는 스티커 넣기이다.

일단 앱을 설치한 후 사용법은 다음과 같다. 무료 앱이기 때문에 앱 활용시 중간중간 광고가 나오니 불편하더라도 그때마다 광고를 삭제하고 진행하길 바란다.

① 모션 포토는 사진을 꾸미는 기능, 비디오는 비디오를 편집하는 기능이다. '+' 버튼을 누르면 비디오나 GIF파일을 만들 수 있다. '모든'이라는 표시를 누르면 핸드폰 갤러리에 저장된 모든 사진과 동영상이 나타나는데, 나는 그중에서 이탈리아 로마에서 찍은 포폴로 광장 동영상을 선택하였다(여러 사진을 선택해서 동영상으로 제작하는 방법도 이와 동일하다). 모든 기능을 설명할 순 없지만 '모든' 우측에 위치한 버튼들을 눌러 보고 블로에서 제공하는 다양한 기능을 시도해 보기 바란다.

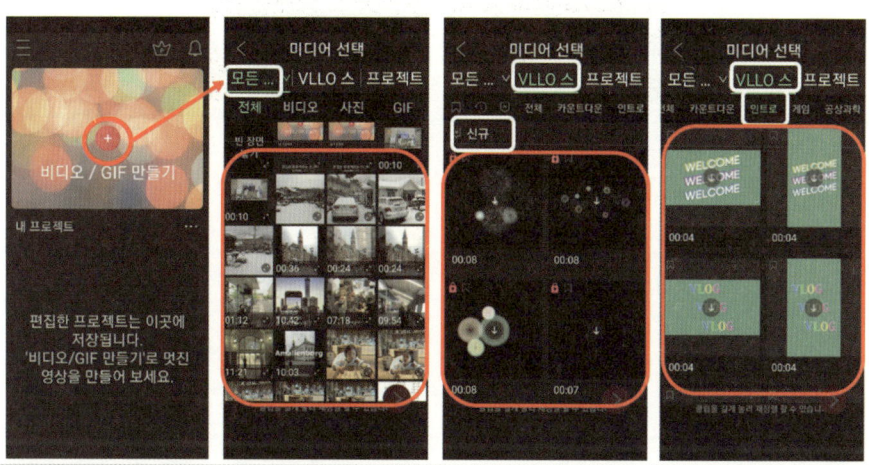

새 프로젝트 생성하고 동영상 잘라 버리기 ①

② 다음 우측 하단에 보이는 빨간색 화살표 모양을 누르면 새 프로젝트 생성하기 화면이 나온다.

③ 핸드폰에서 동영상을 보려면 화면 사이즈를 '16:9'로 선택한 다음 '끼움'을 선택하고 '프로젝트 생성하기' 버튼을 누른다.

새 프로젝트 생성하고 동영상 잘라 버리기 ②

④ 동영상에 어울리는 음악을 추가해 주어야 하므로 먼저 동영상에 잡힌 잡음은 없애 주는 것이 좋다. 화면 아랫부분에 설치된 동영상을 선택한 다음 우측 하단에 있는 '음소거' 표시를 누르자.

⑤ 필요 이상으로 길게 찍힌 부분은 잘라 낼 수 있다. 동영상 부분을 손가락으로 눌러 앞으로 이동시켜 자르고 싶은 앞부분에 빨간 지시선을 맞춘 다음, 중앙 하단에 있는 가위 모양의 분할을 눌러 잘라 준다. 다음 잘라 낼 마지막 부분으로 동영상을 이동시켜 지시선을 맞춘 다음 역시 가위 모양의 분할을 눌러 잘라 준다.

⑥ 잘라 낼 동영상 부분을 손가락으로 누른 다음 좌측 하단에 있는 '삭제' 표시를 누르면 잘라 내고 싶은 부분이 제거된다.

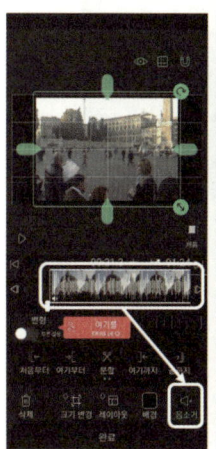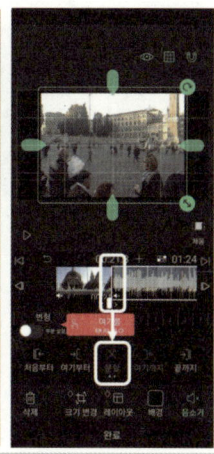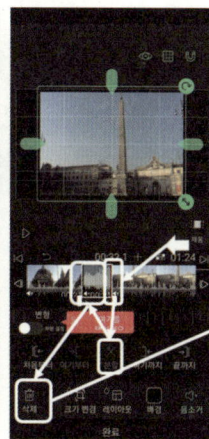

새 프로젝트 생성하고 동영상 잘라 버리기 ③

⑦ 이제 동영상에 자막을 추가해 보자. 중앙 하단에 위치한 'T' 표시를 누르면 다양한 형태의 자막이 나오는데, '신규'라고 되어 있는 자막 형태는 유료이기 때문에 '전체'를 눌러 선택해야 한다. 그중에서 마음에 드는 자막을 찾아 선택하면 자막이 화면 중앙에 크게 표시되는데, 그 안의 글자 표시를 누르면 글자를 입력할 수 있는 창이 뜬다.

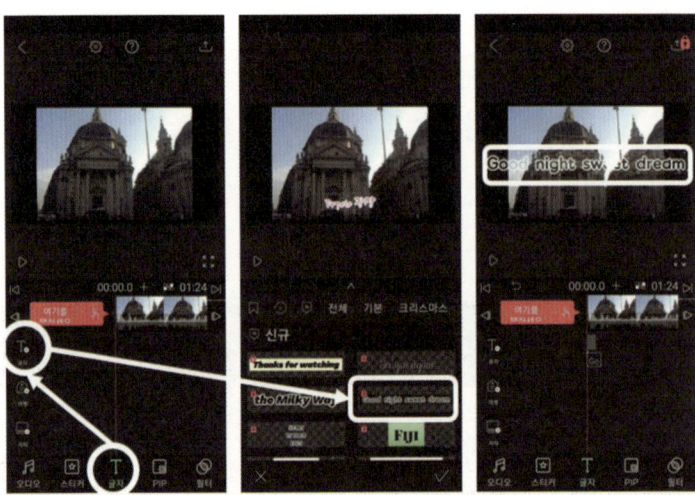

자막 추가하기 ①

⑧ 원하는 텍스트를 입력한 다음, 입력창 우측에 있는 체크 표시를 누르면 저장된다. 자막 테두리 우측 하단에 있는 작은 화살표 2개를 손가락으로 살짝 눌러 크기를 조정하거나 회전할 수 있으며, 글자 자체를 누르면 자막을 원하는 위치로 이동시킬 수 있다.

⑨ 그다음 텍스트를 지그시 눌렀다 떼면 여러 종류의 글꼴이 나오는데, 매우 다양한 글꼴이 제공되는 것이 블로의 장점이다. 각 글꼴 좌측에는 다운로드 표시가 있어 원하는 글꼴을 다운로드받은 후 선택하면 원하는 글꼴로 자막을 완성할 수 있다. 글꼴 이외에도 배경이나 글자 색깔을 바꿀 수 있는 기능도 있으니 시행해 보기 바란다.

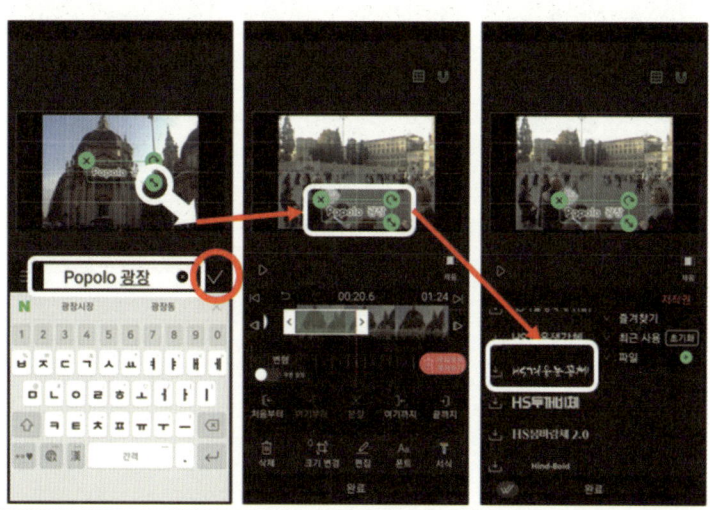

자막 추가하기 ②

⑩ 입력한 텍스트를 어느 사진들에 위치시킬지 결정한 후, 텍스트의 양쪽에 위치한 하얀색 바를 손가락으로 살짝 눌러 원하는 길이만큼 조정하면 내가 지정한 만큼 그 텍스트가 나타나게 된다. 이와 같이 원하는 동영상에 여러 개의 텍스트를 입력하고 '완료' 버튼을 누르면 텍스트 추가가 완성된다.

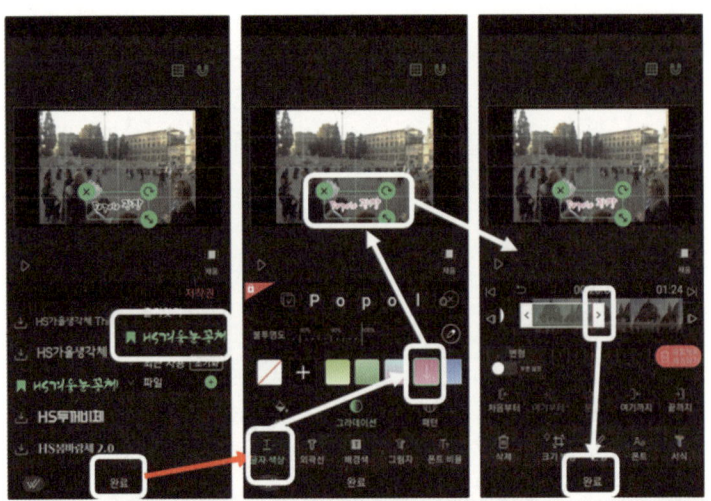

자막 추가하기 ③

⑪ 좌측 하단에 위치한 스티커를 일정 길이의 화면에 추가할 수 있다. 텍스트 추가와 같은 방법이므로 직접 실습해 보기 바란다. 다만 스티커의 경우 유료도 있다는 것을 유념하자.

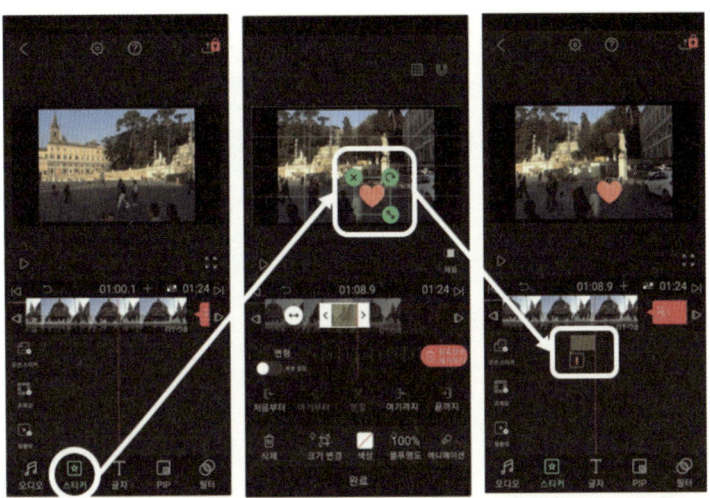

스티커와 음악 추가하기 ①

⑫ 이번엔 음악을 추가하는 방법이다. 앞에서 설명했듯이 음악을 추가하기 위해서는 원본 동영상의 소리는 모두 제거하는 게 좋다. 음악 역시 다른 앱들에 비해 매우 다양하게 제공해 주는 것이 블로의 특장점이다.

⑬ 화면 좌측 하단에 표기된 '오디오' 버튼을 누른다. 다음 화면에서 중앙 하단에 있는 '블로'를 선택하면 무료로 제공되는 다양한 음악이 나온다. 음악을 들어보고 원하는 걸 선택하면 동영상 시작 지점으로부터 마지막 부분까지 자동으로 음악이 추가된다. 단, 음악의 경우 제목 우측에 다운로드 표시를 눌러 원하는 음악을 다운받아야 듣거나 추가할 수 있음을 기억하기 바란다.

⑭ 화면 하단에 있는 '완료' 버튼을 누르면 동영상 프로젝트가 '제목 없음'으로 저장되면서 화면 아랫부분에 그동안 저장했던 프로젝트의 목록이 나타난다.

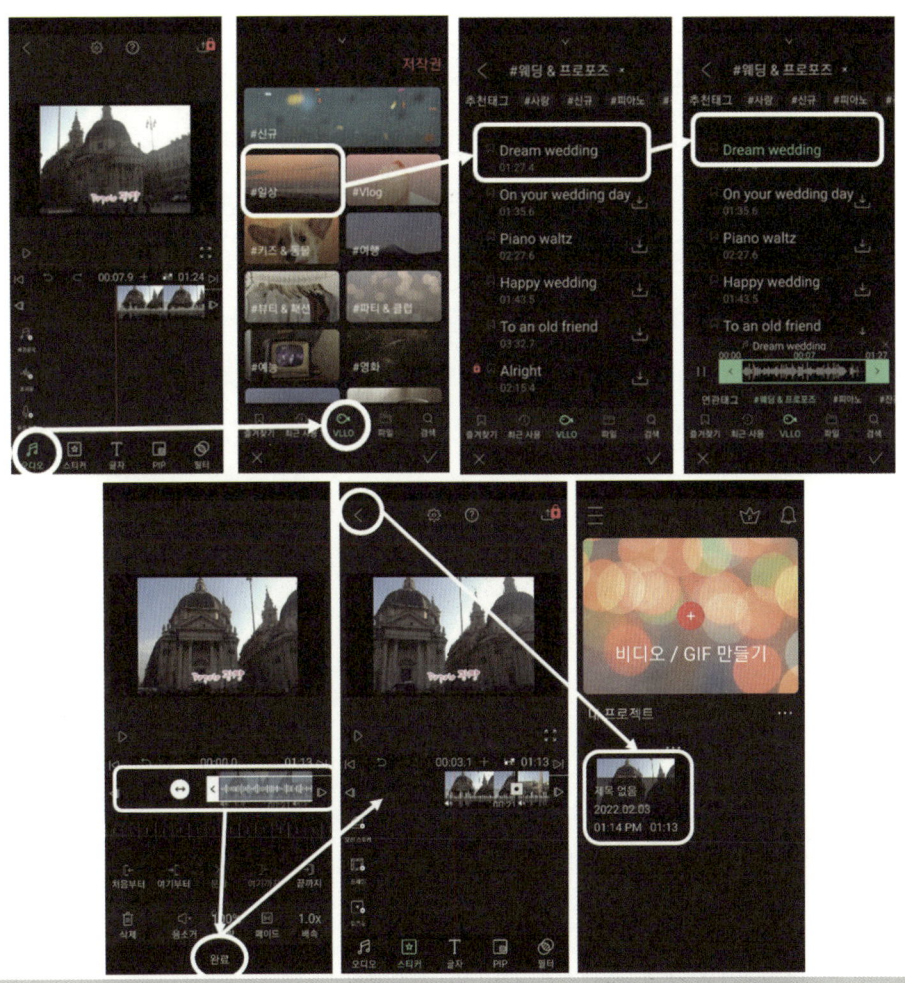

스티커와 음악 추가하기 ②

⑮ 프로젝트를 생성하기 시작하는 첫 화면에서도 프로젝트 제목을 정할 수 있으나, 누락했거나 변경해야 하는 경우(이 책자에서도 첫 화면에서 제목을 설정하지 않았음)에는 프로젝트 목록 우측 상단에 있는 점 3개를 누르고 '이름 변경'을 눌러 원하는 제목을 입력하면 된다.

⑯ 메인 화면 우측 상단에 있는 아이콘을 누르면 광고가 나올텐데 지우면 다음 화면이 나타난다. 설정된 내용을 확인한 다음 중앙 하단의 '추출하기' 버튼을 누른 후 기다리면 동영상이 제작되어 스마트폰 갤러리에 저장된다.

프로젝트 제목 변경하고 동영상 추출하기 ①

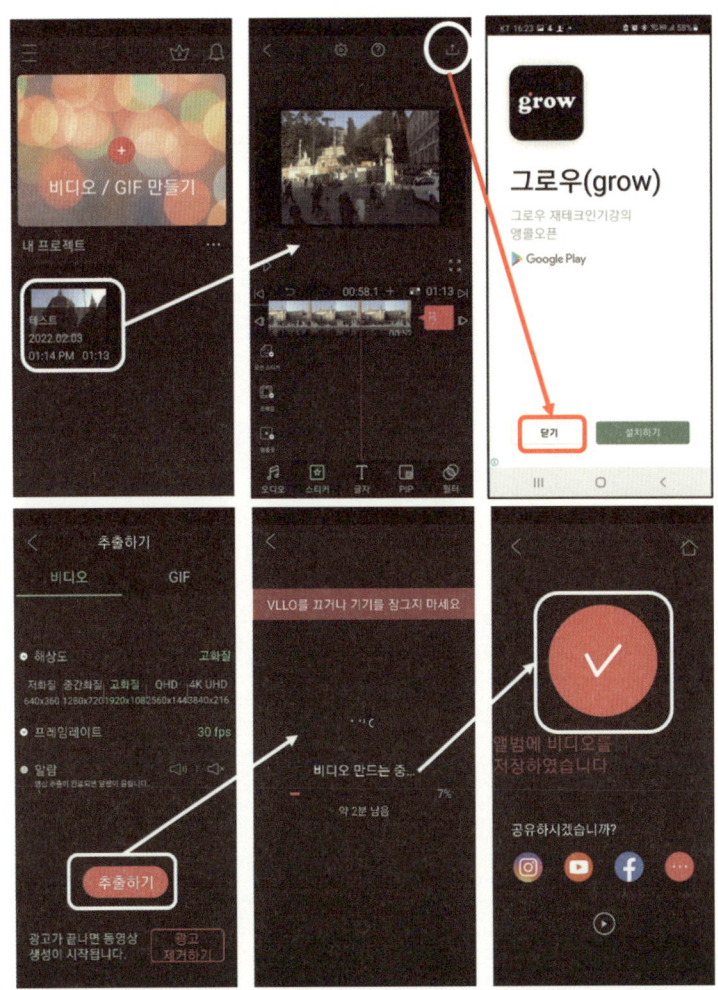

프로젝트 제목 변경하고 동영상 추출하기 ②

스마트폰 공간이 부족하여 여행 사진이나 동영상을 모두 PC나 외장하드로 이전한 독자들은 PC 애플리케이션인 '알씨 동영상 만들기'나 '오캠', '곰믹스' 등을 활용할 수도 있다.

PC용 애플리케이션인 '알씨 동영상 만들기' 활용법을 URL과 QR코드로 추가로 별첨하니 필요한 독자들은 확인해 보길 바란다. 알씨 동영상 만들기 앱으로 만들어진 동영상은 스마트폰으로 만든 동영상보다 품질이 좋고 비교적 최신 음악(임영웅의 트로트나 BTS의 음악 등)을 삽입할 수 있다는 것이 장점이다. 단, 지적재산권의 문제가 있으므로 자신의 친지들 이외에 유튜브 등에 공개적으로 유포해서는 안 된다는 것은 명심하기 바란다.

알씨 동영상 만들기 활용법
https://m.blog.naver.com/changdongik/222509284677

[동영상 편집]

　내가 추천하고자 하는 동영상 편집 방법은 두 가지이다. PC나 노트북에서 자신이 좋아하는 음악과 자막을 포함하여 손쉽게 작업할 수 있는 '곰믹스'와 스마트폰에서 편집할 수 있는 '키네마스터Kinemaster'를 소개하고자 한다.

1. 곰믹스로 동영상들의 필요한 부분들만 잘라 좋아하는 음악을 집어넣어 편집하는 방법

　PC 애플리케이션인 곰믹스를 활용하면 동영상의 내용에 부합하면서도 자신이 좋아하는 음악을 집어넣어 편집할 수 있다.
　활용법은 다음과 같다.

① 곰믹스 초기 화면을 보면, 우측 상단에 '미디어 소스'라는 항목이 있다. 그 아래 화면에 작게 보이는 '파일 추가' 버튼을 누르면, 탐색기 화면이 뜬다. 그중에서 원하는 동영상들을 선택하여 '확인' 버튼을 누른다. 나는 이탈리아 로마에서 찍은 동영상 5개를 선택하였다.

② 추가된 파일 5개를 모두 선택한 다음 커서로 누른 상태에서 화면 좌하단의 '미디어 소스' 구역으로 끌어다 놓으면 5개의 동영상이 차례대로 배치된다.

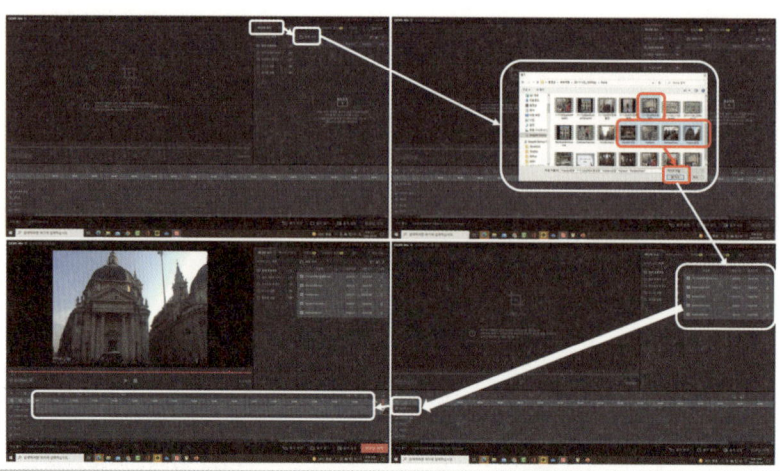

편집할 동영상 추가하기

③ 이제 동영상에서 필요 없는 부분을 잘라 낼 차례다. 추가된 여러 동영상을 검토한 후 각각의 동영상에서 필요 없다고 판단되는 부분의 앞부분에 지시선을 위치시키고, 미디어 바로 위 좌측 네 번째에 위치한 가위 모양을 클릭하면 잘라진다. 다시 뒷부분에 지시선을 위치시킨 다음 가위 모양을 클릭하면 잘라진다. 잘라진 부분을 선택한 다음 가위 바로 좌측에 위치한 휴지통 모양을 클릭하면 그 부분이 삭제된다.

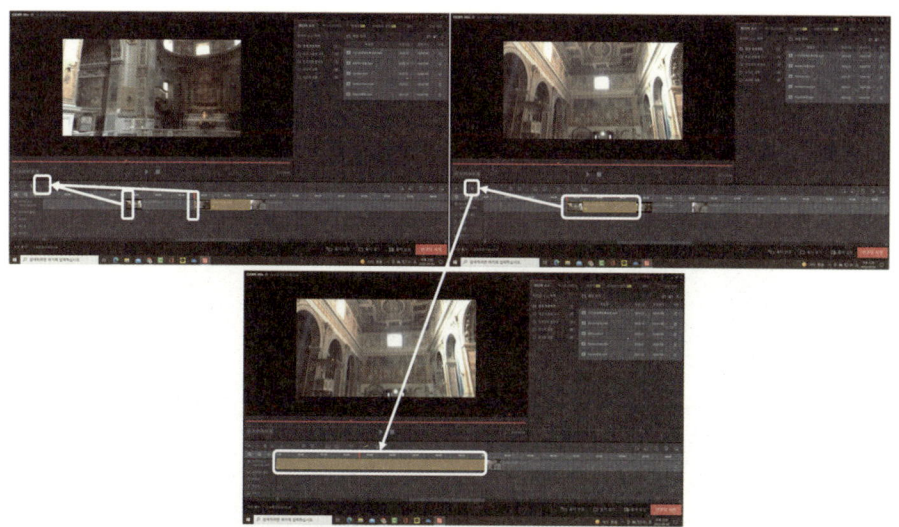

추가된 동영상들의 필요 없는 부분 잘라 내기

④ 곰믹스 화면 우측 상단 왼쪽부터 두 번째 항목인 '텍스트/이미지'를 클릭한 후 새 화면에서 '텍스트 추가'를 클릭한다.

⑤ 텍스트를 입력하는 빈 화면을 클릭한 다음, 원하는 텍스트를 입력해 주고 '적용' 버튼을 클릭하면 좌측 화면에 텍스트가 표시된다. 만일 그 텍스트의 위치를 이동하고 싶다면 좌측 화면에 나타난 텍스트를 선택한 다음 원하는 위치로 끌어다 놓으면 된다.

⑥ 화면 하단의 텍스트 란에 그 텍스트가 들어가는 위치가 노란색으로 표시되는데, 노란색의 우측 끝부분을 클릭하여 원하는 위치까지 끌어다 놓으면 그 위치까지 같은 텍스트가 표시된다.

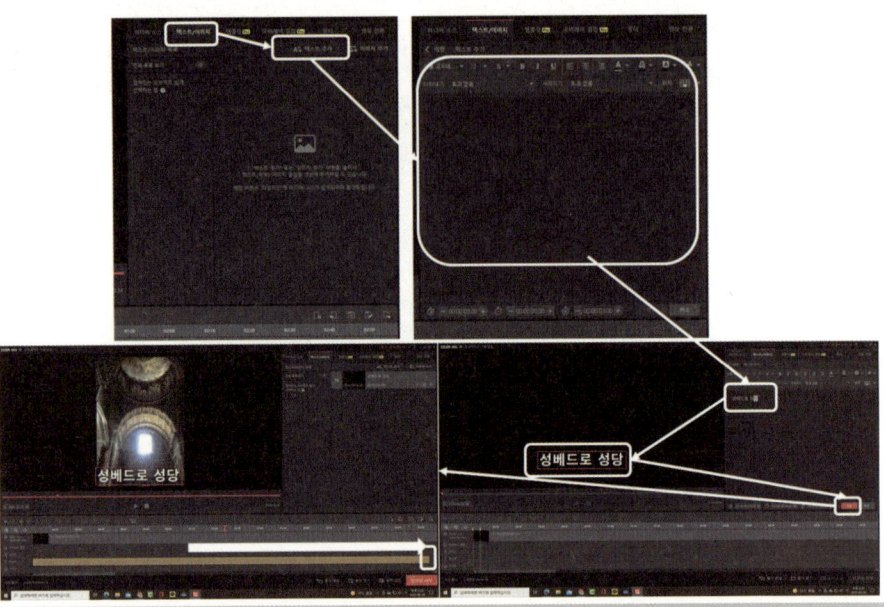

곰믹스 화면에 자막 추가하기

⑦ 화면 우측 상단의 첫번째 항목인 '미디어 소스'를 누르고 바로 아래 위치한 '파일 추가' 버튼을 클릭하면 탐색기가 열린다. PC나 외장하드에 저장하고 있는 음악 중 추가하고자 하는 음악을 선택하고 '확인' 버튼을 클릭하면 그 음악이 미디어 소스에 추가된다.

⑧ 음악 파일을 선택한 상태에서 화면 하단 '오디오' 란에 끌어다 놓으면 음악이 추가되는데, 이때 동영상 길이만큼 음악을 추가해 주면 된다. 동영상 길이를 초과하는 음악 부분에 지시선을 위치시킨 다음 가위로 잘라 내고 잘라진 음악 부분을 삭제한다.

⑨ 화면 우측 하단의 '인코딩 시작' 버튼을 클릭한 후 '저장 경로 설정'과 '파일 이름 설정' 란에 원하는 경로와 이름을 입력해 준 다음, '인코딩 시작' 버튼을 클릭하면 새로운 동영상이 제작된다.

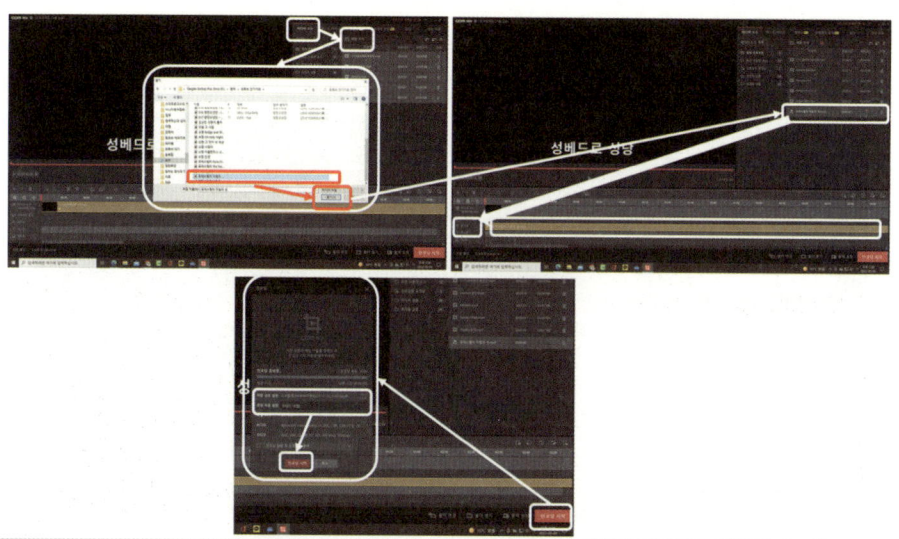

동영상에 음악 추가하고 인코딩하기

2. 키네마스터로 여러 동영상 편집하는 법

세계 제1의 스마트폰 동영상 편집 앱인 키네마스터를 활용한 편집 방법을 소개하고자 한다.

키네마스터를 활용하여 여러 동영상을 편집하기 위해서는 스마트폰 갤러리에 필요한 동영상들이 저장되어 있어야 한다. 동영상뿐 아니라 사진들도 취합, 편집할 수 있지만 여기서는 동영상 편집에 관해서만 배우도록 한다. 무료 앱이기 때문에 중간중간 광고가 나오니 불편하더라도 그때마다 삭제하면서 진행하길 바란다.

① 키네마스터 앱을 열면 아래 그림과 같이 화면이 가로로 길게 나타난다. 첫 화면에서 바로 좌측 화면의 중앙에 위치한 붉은색 원 모양 버

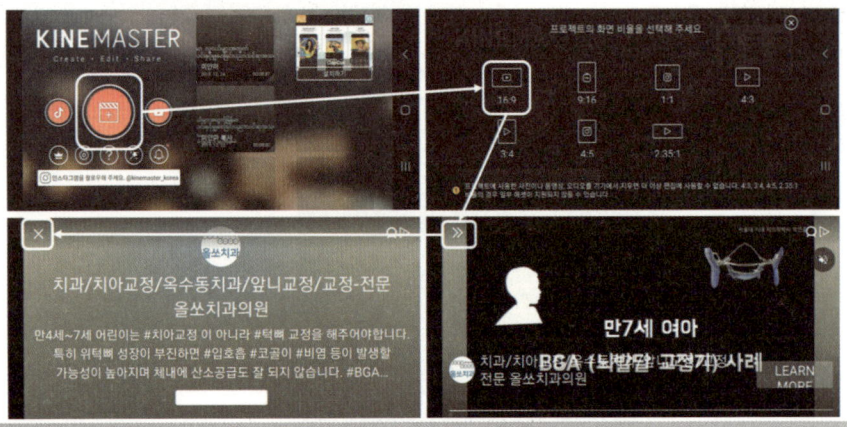

키네마스터 활용법 ①

튼을 누르면 동영상 편집 화면이 나타나는데, 주로 스마트폰에서 볼 일이 많을 것이므로 프로젝트의 화면 비율은 16:9를 선택하는 것이 좋다(광고는 지우면 된다).

② 미디어 브라우저가 나타나면서 스마트폰 갤러리에 있는 모든 사진과 동영상이 나타난다. 그중에서 'videos'를 선택한 다음 원하는 동영상을 누르고 우측 상단의 체크 표시를, 다음 동영상을 선택하고 체크 표시를 원하는 만큼 누르면 취합과 편집을 원하는 동영상들이 화면 아랫부분에 차례로 추가된다.

키네마스터 활용법 ②

③ 마지막 체크 표시를 누르면 우측 화면에 원 모양이 나타난다. 다음 단계는 동영상 내에 화면에 걸맞는 자막을 추가하는 작업이다. 원 좌측에 있는 '레이어'를 눌러 나타나는 새 창에서 '텍스트'를 선택한다.

④ 자판에 적절한 자판을 작성하면 자판의 문자가 동영상 화면 아랫부분에 노란색으로 나타난다. 자막의 시작 지점과 마지막 지점을 지정하기 위해서는 우선 시작 지점을 위해 노란색 사각형 좌측 끝부분을 손가락으로 댄 다음, 원하는 지점까지 끌어 놓고 마지막 지점을 위해서는 우측 끝부분 역시 원하는 지점까지 끌어 놓으면 된다.

⑤ 자판은 자동적으로 화면의 중앙에 위치하게 되는데 대체로 자막은 화면의 아랫부분이 일반적이다. 자막 문자를 손가락으로 누른 상태에서 끌어서 원하는 위치로 이동한다. 그리고 자막 문자 우측 끝에 화살 표시를 손가락으로 조절하면 글자의 크기도 조정할 수 있다. 화면이 작은 데다 표시도 아주 작기 때문에 처음에는 약간 어려울 수 있지만 조금만 연습하면 쉽게 실행할 수 있다.

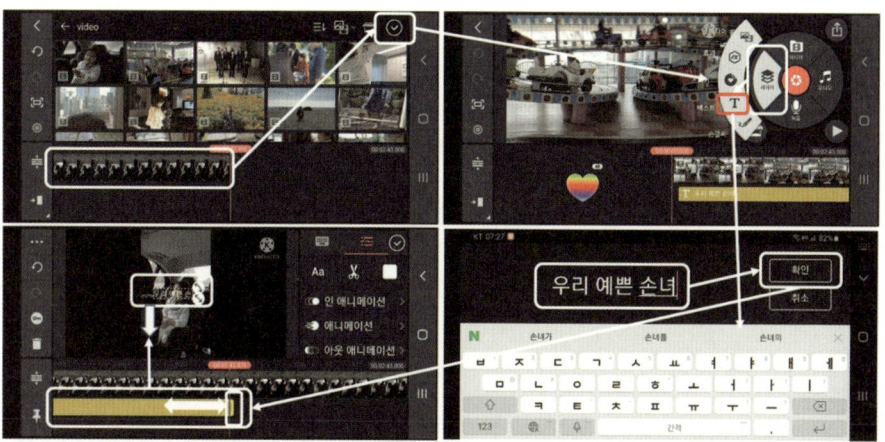

키네마스터 활용법 ③

⑥ 원 우측에 있는 오디오를 활용하여 원하는 음악도 추가할 수 있다. 또한, 원 아래에 위치한 마이크를 켜면 음성을 직접 녹음하여 원하는 위치에 적용할 수도 있다.

⑦ 원의 우측 아랫부분의 화살표를 누르면 전체 편집된 것을 재생해 볼 수 있다. 일단 편집을 실행한 부분은 자동으로 저장되어 최근 작성한 동영상이 가장 위에 위치하게 된다. 그 동영상을 누르면 '제목없음'이라고 나타나는데 그걸 누르면 제목을 입력할 수 있다.

⑧ 여기까지 하면 기본적인 동영상 취합과 편집은 끝이지만, 자막을 여러 가지 방법으로 추가해 동영상의 품질을 올릴 수 있다. 화면 하단에 있는 노란색 텍스트 란을 누르면 '인 애니메이션'이 나오면서 여러 가지 형태로 변경할 수 있다. 이 기능은 직접 실습해 보면서 배우기 바란다.

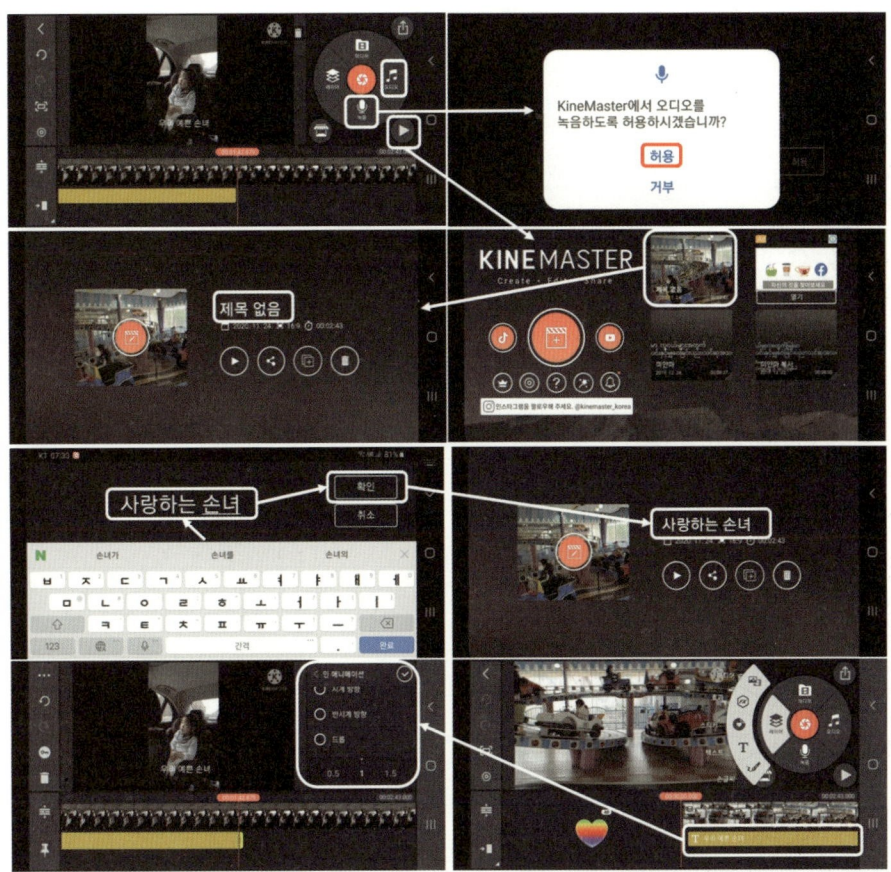

키네마스터 활용법 ④

맺음말

::: 행복해지는 방법에 대한 책은 시중에 많다. 그러나 실제로 그런 책을 읽으면 행복해질 수 있을까? 우리는 일상생활을 매우 바쁘게 살고 있다. 바쁜 생활 중에서 우리는 여유를 찾기를 원하며 무엇인가 일상에서 벗어나 새로운 환경을 만나기를 원한다. 우리의 삶에는 뭔가 새롭고 신선한 변화가 필요하다. 미지의 세계를 마주하고 체험하게 되는 여행이란 바로 그런 새로운 환경과 신선한 변화를 제공해 주는

가장 훌륭한 활력소일 것이다.

그런데 우리는 그간 새로운 환경과 세계를 접하면서도 여행사의 판에 박힌 스케줄에 따라 구속적인 환경 속에서 새로운 세계를 만날 수밖에 없었다. 4차 산업혁명 이전 시대에는 실상 누군가 가이드가 없다면 짧은 기간 내에 새로운 세계에서의 환경을 적응하기란 거의 불가능에 가까웠고, 또 현지 사정에 익숙치 못해 예상치 못한 어려움을 당하는 등 다양한 종류의 위험 부담도 많았다.

이제 인공지능의 엄청난 기술 발전은 스마트폰 하나만 있어도 언어도 통하지 않는 전혀 새로운 미지의 세계를 과감하게 탐험하면서 나와 동행자가 행복을 함께 추구할 수 있는 여행을 할 수 있게 되었다. 나만이 원하는 진정한 행복을 창출해 낼 수 있게 된 것이다. 아침에 관광버스를 타기 위해 정해진 시간 이내에 식사를 마쳐야 하고 관광지에서 가이드의 간단한 설명과 함께 사진만 찍고 수많은 비밀을 간직하고 있는 장소를 바로 떠날 수밖에 없는 단순함을 극복할 수 있게 되었다.

이제까지 여행이란 무엇이며 어디를 다녀왔더니 어떻게 좋더라, 여행을 통해 얻은 것은 무엇인지 등에 대한 수많은 책자가 출간되었다. 그런데 급격한 발전으로 인해 해외 여행을 처음 시도하는 왕초보들은 어떻게 자유여행을 계획하고 실행에 옮길 수 있는지에 대한 종합적인 내용

맺음말

을 다루는 책자는 찾아보기 힘들었다. 이 책자를 읽고 세부적인 기법들을 배운 대로 실행할 수 있다면 여행이 즐겁고 오랜 기간 기억에 남는, 보람 있는 추억거리를 만들 수 있을 것이다. 이제까지 한 번도 자유여행을 해본 적 없는 왕초보들도 이 책자를 읽고 나서 과감하게 자신과 동행자의 행복과 즐거움을 위한 자유여행을 직접 계획하고 실행해 보라.

여행지의 언어와 지리를 전혀 몰라도 한국어만으로도 가이드 없이 자유여행을 할 수 있다. 여행 중 기억하고 싶은 특별한 상황이 발생하면 언제 어디서나 즉시 스마트폰에 말로 하면 문자로 자동 기록, 저장된다. 그리고 여행이 끝나면 여행 중 찍은 수많은 사진과 동영상도 아름다운 음악을 담아 멋진 동영상으로 제작하거나 편집하고, 나아가 여행 도중 말로 하여 즉시 저장해 놓은 수많은 여행 기록 중 특별한 내용을 즉각 검색해 내서 추억을 회상해 보라. 그리고 그 동영상을 주위 사람들에게 공유하여 그 행복과 즐거움을 함께 나눌 수 있다면 어떨까?

여행 자체도 의미가 있지만 더 나아가 여행 경험을 기록으로 남기고 이를 책으로 써본다면 어떨까? 최근에 국내에서도 여행을 하면서 글을 쓰는 사람들이 점점 많아지고 있다. 여행을 다녀온 내용이나 소감을 즉석에서 블로그를 통해 올리거나 페이스북, 인스타그램에 사진들과 함께 올리는 경우도 많다. 스마트폰을 활용해서 여행하며 글을 쓴다면 편리한 점이 한두 가지가 아니다. 나아가 동행한 여러 사람이 각자 다른 눈으로 본 경험을 함께 쓴 책이 나온다면 또 다른 의미가 있다. 글을 쓰려면 예전에는 여행을 하면서 노트북과 같은 별도의 기기를 휴대해야 하는 불편함이 있었다. 이제는 스마트폰에 무료로 제공되는 앱 몇 개면 충분하다.

    코로나가 널리 퍼지면서 나타난 새로운 양상이 바로 워케이션이다. 인공지능과 클라우드 기술의 급격한 발전으로 인해 PC보다 똘똘해진 스마트폰만으로도 스마트워킹할 수 있는 시대가 되면서, 수많은 협업자가 전 세계 각 지역에 퍼져 있어도 함께 효율적으로 협업할 수 있게 되었다. 이와 같은 상황은 독자들이 해외여행을 가서도 누릴 수 있다. 워케이션을 위한 해외 자유여행을 준비하는 독자들을 위해서 특별히 워케이션 기법에 대한 소개를 부록으로 처리해 놓았으니 관심이 있는 독자들은 필히 숙지하여 보람차고도 행복한 워케이션 여행을 시도해 보기 바란다.

    또한 이 책자를 읽고 나서 해외 자유여행하는 기법을 직접 배워 숙지하고자 하는 독자들을 위한 세미나 과정 역시 부록으로 소개해 놓았으니, 참여하고 싶은 독자들은 세미나 담당자에게 이메일, 전화로 문의하거나 별첨되어 있는 설문을 작성해 주기 바란다.

맺음말

 그동안 자유여행을 꿈꿔 왔던 많은 분이 특히 코로나19로 인해 오랫동안 실행에 옮길 수 없었던 새롭고 신선한 변화를 줄 수 있는 자유여행을 과감하게 기획하고 실행에 옮겨 보자. 나이를 떠나서 모두가 새로운 삶의 활력을 찾기를 바란다. 보람되고 의미 있는 일에 더욱 에너지를 충전할 수 있게 되기를 간절히 소망하며 이 책을 마감하고자 한다.

2022년 5월
공저자 장동익 씀

여행 중 주요 업무 처리

해외여행 중 업무를 처리해야 하는 독자들을 위해 아래 4개의 질문 및 답변을 준비했다. 지면의 한계상 이 질문들에 대한 상세한 설명은 필자가 별도로 준비해 놓은 블로그 자료로 읽어 볼 수 있도록 별첨하였다. 관심이 있는 독자들은 필히 읽고 숙지하여 실행에 옮겨 성공적인 워케이션 여행이 되기 바란다.

| 여행 중 갑자기 급한 업무가 발생했을 때 떨어져 있는 사람과 어떻게 협업할 수 있을까?

상세 답변 보기
구글 독스(구글 문서, 구글 스프레드시트, 구글 프레젠테이션)를 공유함으로써 스마트워킹으로 협업하는 법
https://blog.naver.com/changdongik/222477825253

여행 시 필요할 수 있는 수많은 자료는 어떻게 준비해 가야 할까?

상세 답변 보기
PC 자료(마이크로소프트 오피스 및 아래한글 자료)를 구글 드라이브로 자동 변환하여 업로드하고 모든 관련자와 자료 공유하는 법
https://blog.naver.com/changdongik/222484267135

문서를 공유해서 협업할 때 누군가 잘못 수정해 버리면 어떻게 하지?

상세 답변 보기
공유 문서 변경 내용을 추적하여 원본을 복원하는 법
https://blog.naver.com/changdongik/222496526936

여행 중 여러 사람과 회의가 필요하면 어떻게 하지?

상세 답변 보기
줌 활용하여 비대면 화상회의 하는 법
https://blog.naver.com/changdongik/222496538453

02
스마트폰 하나로 세계여행 떠나기
세미나 프로그램

많은 독자가 그동안 해외 자유여행을 꿈꿔 왔지만 실행에 옮길 수 없었다. 새롭고 신선한 변화를 줄 수 있는 자유여행을 위한 기법들을 짧은 기간 내에 배워 과감하게 기획하고 실행에 옮기기를 원하는 독자들을 위해 다음과 같은 세미나 프로그램을 준비했다. 프로그램을 읽어 보고 참여하고 싶은 독자들은 설문을 작성해 주길 바란다. 답신 결과에 따라 기수별 세미나 세부 내용을 일부 조정하여 가장 효율적인 세미나를 진행하고자 한다.

* 3일 차 과정은 필요한 독자들만을 위한 선택 과정임.
* 세미나 참가 신청 담당자
  장욱(Mobile: 010-7586-5709, E-mail: ugjang7@gmail.com)

일차	주제	세부사항	시간
1일 차 (현지 여행지에서의 활용 기법)	현격한 기술 발전	1. 스마트폰이 PC보다 똑똑해졌다. 2. 인공지능의 3대 지원 부문	0.5H
	말로 문서 작성	1. STT(Speech to Text): 말로 해서 즉시 문서 작성 2. 클라우드 자료 언제 어디서나 즉시 검색	0.5H
	현지인과 한국어로 대화하기	1. 짧은 대화 동시통역 2. 긴 대화 번역 3. 문서 사진 찍어 즉시 번역	1.0H
	세계 어디서든 한국어로 길 찾기	1. 구글 지도로 도보, 대중교통, 차량, 자전거 이동 경로 파악 2. 우버 등 공유 차량 수배 3. 맛집 검색하여 예약하고 찾아 가기 4. 현지 식당의 현지어 메뉴로 음식 주문 5. 현지어 표기 길거리 표지판 한국어로 읽기	1.0H
	동행자와 위치 공유	1. 위치 공유 2. 일정 공유	0.5H
	숙소	1. 숙소 와이파이 사용법 2. 숙소 TV에 스마트폰 연결법	0.5H
		소계	4.0H

세미나 프로그램 시행을 위한 설문서
https://forms.gle/LSkgWi7biVZwuEux7

2일 차 (여행 계획 세우기 및 동영상 만들기)	여행지에서의 방문지 결정/ 세부 여행 계획	1. 트립어드바이저(tripadvisor) 활용법 2. 구글 지도 세부 활용법	1.0H
	숙박지 예약	1. 부킹닷컴(Booking.com) 및 에어비앤비 (Airbnb) 활용법	0.5H
	항공권 예약 및 구매	1. 익스피디아(Expedia) 활용법	0.5H

	동영상 제작	1. 블로(VLLO)로 동영상 만들기
		2. 키네마스터(KineMaster)로 동영상 편집하기
		3. 알씨 동영상 만들기 활용법: 여행지 사진으로
		   좋아하는 음악을 넣어 동영상 제작
		4. 곰믹스 활용법: 여행지 동영상들로 좋아하는
		   음악 넣어 편집
			2.0H

	소계		4.0H
3일 차 (워케이션 특별과정)	문서 공유를 통한 협업	1. 구글 문서 공유 2. 공유 문서의 변경 내용 추적 및 원본 복원	1.0H
	구글 드라이브 자료관리	1. PC나 노트북에서 작성한 MS 오피스 문서를 구글 문서로 변환 2. 드라이브 내 폴더 관리 3. 드라이브 내 자료 이동법	1.0H
	PC/노트북과 스마트폰 간 자료 이동	1. 구글 드라이브 자료 업로드 2. 샌드애니웨어(Send Anywhere) 활용법 3. 스마트워킹 종합 실습	1.0H
	비대면 화상 회의	1. 줌(Zoom) 활용법 2. 화상회의 종합 실습	1.0H
	소계		4.0H